上海市建平中学教育改革成果之智慧课堂

智慧流动，问道于课堂之变

——上海市建平中学基于核心素养的智慧课堂课例研究

主编 赵国弟

上海科学技术文献出版社
Shanghai Scientific and Technological Literature Press

图书在版编目（CIP）数据

　　智慧流动，问道于课堂之变：上海市建平中学基于核心素养的智慧课堂课例研究 / 赵国弟主编 . —上海：上海科学技术文献出版社，2018
　　ISBN 978-7-5439-7738-9

　　Ⅰ . ① 智…　Ⅱ . ① 赵…　Ⅲ . ① 课堂教学—教学研究—中学　Ⅳ . ① G632.421

　　中国版本图书馆 CIP 数据核字（2018）第 178917 号

责任编辑：于学松
封面设计：薛传祥

智慧流动，问道于课堂之变
——上海市建平中学基于核心素养的智慧课堂课例研究
ZHIHUI LIUDONG WENDAO YU KETANG ZHI BIAN
主编　赵国弟
出版发行：上海科学技术文献出版社
地　　址：上海市长乐路 746 号
邮政编码：200040
经　　销：全国新华书店
印　　刷：上海展强印刷有限公司
开　　本：720×1000　1/16
印　　张：9.25
字　　数：145 000
版　　次：2018 年 9 月第 1 版　2018 年 9 月第 1 次印刷
书　　号：ISBN 978-7-5439-7738-9
定　　价：32.00 元
http://www.sstlp.com

编委会名单

主　　编　赵国弟

编　　委　卜文雄　沈正东　郑朝晖　邹　云
　　　　　　　张永华　张志斌　曹建江

执行编委　张晓冬

序
让智慧流动起来

2016年10月，备受关注的《中国学生发展核心素养》总体框架以研究成果的方式向社会发布，这标志着关注"核心素养"新一轮教育改革拉开帷幕。培育"核心素养"，从本质上说，实现教育从"学科本位""知识本位"向"发展本位"的转移，这一变革必将给目前的课堂教学带来革命性的变化。上海市建平中学作为一所将"变革"作为自身文化使命的学校，从20世纪80年代以来，一贯坚持"以学生发展为本"的育人导向，不少举措都走在了全国基础教育的前列。上海市建平中学所倡导的"智慧课堂"，同样是顺应教育发展的趋势，富有前瞻性与教育变革性的有益探索。

上海市建平中学的"智慧课堂"，核心就是"智慧"。首先，这种"智慧"体现在教学的终极目标之上。对于今天的学生来说，具备国际视野、科学精神和人类情怀，让知识与技能助推每一个学生构建自己的精神世界，积极主动地在承担社会责任、认识世界、改造世界的过程中实现自我价值。随着信息传播方式的变革，人们获取知识的途径与方法越来越丰富，对于生活在大数据时代的我们，不是缺少知识，而是缺少理解与认识世界的"智慧"（这个词语在古希腊指的是认识世界与改造世界的观念与方法）。"核心素养"这一概念的提出，就是为了解决面对纷纭复杂的世界，自身发展过程中最"关键能力"和"必备品格"培养的问题，而生活智慧、发展智慧的形成，实际上就是"核心素养"培养的一个重要的表征。

其次，这种"智慧"落实在教学的过程之中。上海市建平中学的智慧课堂，概括起来是这样五个方面：基于情境、关注过程、高效互动、高阶思维、富有人文。基于情境，就是基于问题解决的学习，最大的好处就是激活学生的情感与思维，让学生在实际问题的解决过程中自然形成知识之间的联结。关注过程，就是有效促进学生对于学习研究的过程的反思，在反思中获得理解世界、实践探索的素养与能力。高效互动，就是将学习设计成为一种复杂的社会关系，让学生能够在与他人交流、合作的过程中有所进步与提升。高阶思维，就是关注学习过程中思维规范性基础上的个体的独立性与批判性，这同样是创新人才必不可少的思维品质。富有人文，实际上是帮助学生摆脱技术至上的思维弊端，能够站到人类发展和世界和谐的高度去关注所面对的问题，为人类的发展守住精神的底线，去追求人类所能达到的精神高度。

第三，这种"智慧"成形于教学的持续改进之中。上海市建平中学在最近三年多的时间里，围绕"智慧课堂"这一主题，进行了一系列的研究与实践。去年，我们将各教研组的智慧集结成一本书出版，那就是《聚焦核心素养的智慧课堂探索》。该书收录了各学科教研共同体聚焦核心素养进行智慧课堂的教学转型的经验总结和课例，标志着我们"智慧课堂"转型的阶段性成果。

然而我们发现：智慧课堂的"智慧"不是一蹴而就的，它不仅需要提纲挈领的方向指引，更离不开教师在日常教学中的不断打磨和改进，特别是教师间、师生间和教师实践思考前后的智慧流动。所以，我们又有了一个新的教学和研究目标：怎样在行动中不断改进、完善智慧课堂设计与教学？经过各学科组老师们的不懈努力，对于这一问题的思考得以成熟，最终也集结成了上一本书的姊妹篇——《智慧流动，问道于课堂之变》。今天呈现在大家面前的这本书，侧重的是"智慧课堂"探索实践全过程中老师们对课堂的设计调整和持续改进，呈现的是"实践、反思、再实践、再反思"的动态发展过程，追问的是这些变化现象背后的教学之道，符合当下教育行动研究的科学精神。

我们坚信，只要我们本着教育为学生的终身发展奠基，只要我们清醒地意识到自己对于时代与民族所承担的历史责任，我们就会不畏艰难坎坷，不断将教育改革向纵深推进。智慧如水，随物赋形；智慧如水，永不停歇。在"微观领域推动中国基础教育的发展"一直是我们建平人的教育使命。这就是我们在"智慧课堂"这条道路上不断探索的初心与动力！

是以为序。

赵国弟

2018年6月4日于上海

目 录

基于学生发展的教学改进
　　——以"智慧课堂"之柳永《八声甘州》为例……………………………001
"基于学生认知的问题",让《草莓》"回甘"
　　——聚焦智慧课堂的课堂转型的课例研究………………………………012
品评末路英雄　感悟史家胸怀——《垓下之围》课例与教学反思…………022
借历史塑造素养,用现实感悟真谛——《对数的概念》课例研究……………028
以学生为主体的探究式课堂教学
　　——《指数函数的图像与性质》课例研究…………………………………041
以"核心问题"引领数学课堂教学
　　——《过定点的直线与双曲线位置关系的初探》课例研究………………047
高中英语科普文阅读课设计的探讨
　　——《Transforming Mars》磨课案例………………………………………053
智慧课堂对于学生批判式思维的启发探析
　　——《问题解决型英文写作指导》课例研究………………………………064
基于问题设计的课堂高阶思维养成初探
　　——以高二物理《电动势》一课为例………………………………………075

如何构建基于核心素养的高中生命科学课堂

——以《动物体的细胞识别和免疫》教学为例……083

探索科学研究的一般规律

——《元素周期表的应用》磨课课例……087

指向高中思想政治学科核心素养的课堂教学探究

——以《财政及其作用》一课为例……092

扩展思维，展望未来

——《探索未来职业世界》课例研究……100

智慧奔跑 定向人生

——《定向越野跑》课例研究……108

用情感体验，促进美的升华

——《韩熙载夜宴图》课例研究……113

高中鉴赏教材之音乐课例研究

——以《走进复调音乐》为例……122

"高阶思维"在智慧课堂中的实践反思

——以《循环结构》一课为例……126

聚焦智慧课堂，学生自主探究

——《会变脸的与非门》课例研究……134

基于学生发展的教学改进

——以"智慧课堂"之柳永《八声甘州》为例

□ 桂 珊

摘要：建平中学的"智慧课堂"，是以基于问题、基于情境、高效互动、高阶思维、富有人文为主要特征，以完善学生的人格成长、促进学生的智慧发展、提高学生的综合素质为根本目标的理想课堂。对于"宋词鉴赏课"来说，基于问题的情境教学的活动设计是重中之重。通过此次"智慧课堂"的教学实践，对"翻转"的目的和方法有了更多思考。

关键词：智慧课堂 学科素养 八声甘州 情境教学 活动设计 高阶思维

一、研究背景

（一）建平中学高中语文学科的核心素养

高中语文课程根据立德树人的基本要求，以全面提高学生的语文素养为目标，是学生通过阅读与鉴赏、表达与交流、梳理与探究的语文学习活动，在语言建构与运用、思维发展与提升、审美鉴赏与创造、文化传承与理解几个方面都获得进一步的发展[①]。

（二）建平中学"智慧课堂"的基本要求

建平中学的"智慧课堂"，是以基于问题、基于情境、高效互动、高阶思维、

[①] 杨振峰主编，张强等编写，建平中学学科教育质量标准（语文），2017.6，第1页。

富有人文为主要特征,以完善学生的人格成长、促进学生的智慧发展、提高学生的综合素质为根本目标的理想课堂。要将科学研究的态度、意识和方法与具体的学科教学相结合;让"小组合作学习"方式成为建平课堂教学的常态;积极探索"翻转课堂"等教学方法;适应学校 STEM 教育的特点与需求;通过聚焦"智慧课堂",创设和营造良好的创新教育氛围。

二、简要教学设计

【教学内容分析】

本篇课文选自沪教版高一年级第二学期教材第五单元第十七课《诗词四首》。柳永是宋词大家之一,通过对他的后期代表词作《八声甘州》的品读,学会鉴赏意象,懂得景物描写的内涵和古人登高临远的意趣,明确柳词的创作风格。

【学情分析】

高一学生诗词阅读量有限,在"每课一诗"的日常鉴赏训练中作过一些诗句分析。教授此词,试图让学生在交流讨论中了解诗词赏析的思路和方法,转变学习方式,提升思维水平。

【教学目标】

通过情景关系的赏析,体会柳永的羁旅穷愁和生命悲慨。

【教学重点和难点】

1. 教学重点:解读情与景的关系。

2. 教学难点:体味"登高临远"之意,明确柳词的创作风格。

【教学技术运用】

多媒体 PPT。

【教学过程】

柳永,原名三变,字景庄,后改名永,字耆卿,是北宋专力写词的第一人。排行第七,人称"柳七",官至屯田员外郎,世称"柳屯田"。著有《乐章集》。其词自成一派,世称"屯田蹊径""柳氏家法"。

八声甘州,词牌名,原为唐边塞曲,简称"甘州",又名"潇潇雨""宴瑶池"。

全词共八韵，所以叫"八声"。词分上下两片，上片写景，下片抒情，脉络十分清晰。

（一）文本品读

[情境设计] 品读经典，感悟人生——宋词品读会第一期：柳永《八声甘州》

主持人：为了丰富高一同学们的诗词积累，在日常的"每课一诗"（唐诗）之外，我们发起了"品读经典，感悟人生——宋词品读会"系列活动。今天是第一期，本期向大家推荐的词人是柳永，品读的词作是他的后期代表作《八声甘州》，品读角度是情与景的关系（柳永确立了慢词的写作范式：上片写景下片写情）。

引入：表明全词感情基调的，是哪个词？（愁）

这个"愁"和《雨霖铃》中的一样么？

[小组活动一] 品味秋景，体会秋心

[活动任务] 朗读词的上片，通过意象品味秋景，体会词人的秋心。

[小组活动二] 鉴赏手法，品味愁情

[活动任务] 朗读词的下片，鉴赏词人的写作手法，品味"登高临远"之愁。

[小组活动三] 知人论世，品悟词心

[活动任务] 结合柳永生平经历，分析这首词的风格。

[主持人总结] 柳永对宋词发展的意义

（三）文本拓展（根据课堂时间取舍）

主持人：品读完《八声甘州》，相信大家对从情景关系角度鉴赏诗词不再陌生，也对柳永产生更多好奇。关于他有很多典故哦，我们一起来了解一下吧！（PPT）

（四）课后任务

主持人：相信大家还沉浸在对柳永词作的回味当中，希望本期品读会结束后，大家能用我们刚才学习过的鉴赏方法再去赏析一首柳永的登临词《木兰花慢》：

倚危楼伫立，乍萧索、晚晴初。渐素景衰残，风砧韵冷，霜树红疏。云衢。见新雁过，奈佳人自别阻音书。空遣悲秋念远，寸肠万恨萦纡。

皇都。暗想欢游，成往事、动欷歔。念对酒当歌，低帏并枕，翻恁轻孤。归途。纵凝望处，但斜阳暮霭满平芜。赢得无言悄悄，凭阑尽日踟蹰。

[板书设计]

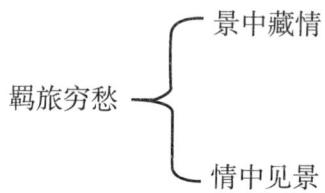

三、课堂实录与反思

（一）选题缘由

1. 代替同组见习期教师开课。
2. 体现专业性，挑战自我。

（二）教学改进过程

【一稿】

柳永《八声甘州》自学任务单

一、观看视频《宋词概述》和课件《宋词基本常识（补充）》，将你所了解的关于宋词的基本知识，用自己的话概括出来。

二、观看视频《品读柳永〈雨霖铃〉》，将你对柳永生平的了解和对这首词的赏析，用"每课一诗"的主讲方式，"知人论词"，整理成一段文字。

三、细读课文《八声甘州》，将它与《雨霖铃》进行比较鉴赏，写下自学过程中的疑惑。

【教学内容定位】

本篇课文选自沪教版高一年级第二学期教材第五单元第十七课《诗词四

首》。本单元以"亭台楼阁"为意象选取了一组经典诗文，本篇课文属于"宋词模块"教学内容，柳永是宋词大家之一，通过对他的前后期代表词作的文本细读和比较鉴赏，都会学生通过鉴赏古代文学作品中的"亭台楼阁"意象，懂得中国古代亭台楼阁的审美价值和古人登高临远的意趣，明确柳永在词史上的"里程碑"意义。

【教学目标】

1. 语言建构与运用：根据注释理解词意，基于写作背景对词作进行理解、分析和评价。

2. 思维发展与提升：通过比较阅读，发现柳词前后期写作风格的差异并探究其成因和影响。

3. 审美鉴赏与创造：分析词作的思想情感和艺术手法，体味"悲秋念远""登高临远"之意。

4. 文化传承与理解：通过词作鉴赏，"知人论词"，明确柳永在词史上的"里程碑"意义。

【教材分析】

1. 重点：分析柳永后期登临词的思想内涵和艺术手法，并探究其成因。

2. 难点：体味"悲秋念远""登高临远"之意，明确柳永的词史定位。

[小组活动]"每课一词"之柳永《雨霖铃》

[活动要求] 归纳总结导学视频的内容，用"每课一诗"的主讲方式，赏析柳永前期代表作。

【教学反思】

1. 教学设计内容太多，无法在一节课内完成；教学目标定位太高；教学逻辑不清，课堂流程有些混乱。

2. 准备仓促；教授过程中多次言语重复；"导学资料包"发放时间晚了，学生准备不足，教学互动比较吃力。

3. 学生对诗词鉴赏手法不清楚，课堂讨论比较无效，导致课堂的生成性远远不够。

4. 课堂互动环节中教师的及时评价不到位，因时间仓促，每一个环节的小结也有所缺失。

【教学改进】

1. 删去"每课一词之《雨霖铃》"的赏析活动环节；更改教学目标；将逐句的文本细读讲授改为解疑答惑的师生互动（情境设计）。

2. 熟悉教案，必须脱稿，注意教学语言的规范化；"导学资料包"提前两天发放，让学生有充足的自学时间。

3. 彻底修改《自学任务单》的三个问题。

4. 课堂互动环节及时评价学生的回答，每一个环节尽可能进行有效的小结。

【二稿】

柳永《八声甘州》自学任务单

一、鉴赏诗词的写景有哪些方法？

二、用以上方法鉴赏《八声甘州》的上片（写景）。

三、整理一份柳永生平简介。

【教学目标】

通过情景关系的赏析，体会柳永的羁旅穷愁和生命悲慨。

【教学重点】

解读情与景的关系。

【教学难点】

体味"悲秋念远""登高临远"之意，明确柳永对北宋登临词创作的贡献。

【学生情况分析】

高一学生诗词阅读量有限，在"每课一诗"的日常鉴赏训练中作过一些诗句分析。教授此词，试图让学生在交流讨论中了解诗词赏析的思路和方法，转变学习方式，提升思维水平。

［情境设计］品读经典，感悟人生——宋词品读会第一期：柳永《八声甘州》

主持人：为了丰富高一同学们的诗词积累，在日常的"每课一诗"（唐诗）之外，我们发起了"品读经典，感悟人生——宋词品读会"系列活动。今天是第一期，本期向大家推荐的词人是柳永，品读的词作是他的后期代表作《八声甘州》，品读角度是情与景的关系（柳永确立了慢词的写作范式：上片写景下处写情）。

引入：表明全词感情基调的，是哪个词？（愁）这个"愁"和《雨霖铃》中的一样么？（不一样。《雨霖铃》中是常见的"男女离愁"，本词中是"羁旅穷愁"）

［小组活动一］品味秋景，感悟秋心

［活动任务］朗读该词的上片，概括其中的秋景，体会词人的秋心。

［小组活动二］鉴赏手法，体味愁情

［活动任务］朗读该词的下片，赏析词人高超的写作技巧，体味"登高临远"背后的羁旅穷愁。

［小组活动三］知人论世，感悟词心

［活动任务］回顾柳永生平经历，分析以柳永后期词风转变的原因。

四、文本拓展

关于柳永，有很多典故哦，我们一起来了解一下吧！（PPT）

【教学反思及改进】

1. 自学任务单的三个问题改过以后，从根本上解决了之前第一个小组活动无法推进的问题，试讲的班级学生层次不同，效果不同，但总体上比第一稿的效果好多了。说明问题设计的重要性。

2. 基本确定了"品读"——"品味"——"品悟"这条层层推进的教学逻辑线，思路更加清晰，学生也感受到思维的逐步提升。

3. 板书设计

品读　　景中藏情
品味　　情中见景
品悟　　情景交融

【三稿（定稿）】

柳永《八声甘州》自学任务单

一、鉴赏诗词的写景有哪些方法？

二、有以上方法鉴赏《八声甘州》的上片（写景）。

三、整理一份柳永生平简介。

【教学内容分析】

本篇课文选自沪教版高一年级第二学期教材第五单元第十七课《诗词四首》。柳永是宋词大家之一，通过对他的后期代表词作《八声甘州》的品读，学会鉴赏意象，懂得景物描写的内涵和古人登高临远的意趣，明确柳词的创作风格。

【学情分析】

高一学生诗词阅读量有限，在"每课一诗"的日常鉴赏训练中作过一些诗句分析。教授此词，试图让学生在交流讨论中了解诗词赏析的思路和方法，转变学习方式，提升思维水平。

【教学目标】

通过情景关系的赏析，体会柳永的羁旅穷愁和生命悲慨。

【教学重点和难点】

1. 教学重点：解读情与景的关系。

2. 教学难点：体味"登高临远"之意，明确柳词的创作风格。

（一）文本品读

［情境设计］品读经典，感悟人生——宋词品读会第一期：柳永《八声甘州》

主持人：为了丰富高一同学们的诗词积累，在日常的"每课一诗"（唐诗）之外，我们发起了"品读经典，感悟人生——宋词品读会"系列活动。今天是第一期，本期向大家推荐的词人是柳永，品读的词作是他的后期代表作《八声甘州》，品读角度是情与景的关系（柳永确立了慢词的写作范式：上片写景下片写情）。

引入：表明全词感情基调的，是哪个词？（愁）

这个"愁"和《雨霖铃》中的一样么？

［小组活动一］品味秋景，体会秋心

［活动任务］朗读词的上片，通过意象品味秋景，体会词人的秋心。

［小组活动二］鉴赏手法，品味愁情

［活动任务］朗读词的下片，鉴赏词人的写作手法，品味"登高临远"之愁。

［小组活动三］知人论世，品悟词心

［活动任务］结合柳永生平经历，分析这首词的风格。

［主持人总结］柳永对宋词发展的意义

（二）文本拓展（根据课堂时间取舍）

主持人：品读完《八声甘州》，相信大家对从情景关系角度鉴赏诗词不再陌生，也对柳永产生更多好奇。关于他有很多典故哦，我们一起来了解一下吧！（PPT）

（三）课后任务

主持人：相信大家还沉浸在对柳永词作的回味当中，希望本期品读会结束后，大家能用我们刚才学习过的鉴赏方法再去赏析一首柳永的登临词《木兰花慢》：

倚危楼伫立，乍萧索、晚晴初。渐素景衰残，风砧韵冷，霜树红疏。云衢，见新雁过，奈佳人自别阻音书。空遗悲秋念远，寸肠万恨萦纡。

皇都，暗想欢游，成往事、动欷歔。念对酒当歌，低帏并枕，翻恁轻孤。归途。纵凝望处，但斜阳暮霭满平芜。赢得无言悄悄，凭阑尽日踟蹰。

［板书设计］

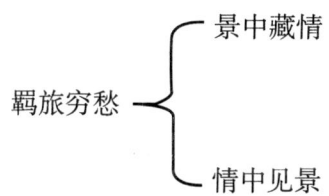

【教学反思及改进】

1. "小组活动一"开始前，明确上片中的意象，帮助学生集中讨论点。

2. 增加"课后任务"：用本节课上学习过的鉴赏方法去赏析柳永的另一首登临词《木兰花慢》。

3. 将板书设计得更加简洁、有逻辑。

（1）表明全词感情基调的那个词是"愁"；

（2）由"何处合成愁？离人心上秋"引出"景"和"情"；

（3）由第一个小组活动得出"景中藏情"；

（4）由第二个小组活动得出"情中见景"；

（5）由第三个小组活动得出"情景交融"；

（6）最终明确此词中的"愁"并非只是"乡愁""离愁"，而是"羁旅穷愁"。

四、研究小结

（一）活动设计始终要基于学生的认知需求

既然是"基于问题"的情境教学，那么学生的问题到底是什么，他们的认知起点到底在哪里，就至关重要。一稿授课前，我有点想当然了，将教学目标定得过高，没有切实考虑到步入高中才三个月的高一学生的诗词鉴赏水平。二稿化繁为简，降低难度，同时更换配套的自学任务，于是立竿见影，课堂呈现出的效果令人可喜。三稿继续给学生铺设台阶，由让他们自己寻找"意象"变为一开始明确"意象"，通过这种方式大大提升了之后小组讨论的效率和质量。整个教学设计调整的过程，就是把握学情、向学生的认知需求逐渐靠拢直至基本吻合的过程。

（二）教会学生思路比教给他们答案更有用

通过此次宋词鉴赏课的教学实践，我更加深刻地认识到，"智慧课堂"的"智慧"，本质上不再是传统意义上的对具体问题给出一个答案，而是通过活动设计增加学生思维间的碰撞，让学生在讨论中获得自己适用的学习思路。诗词鉴赏本就是比较个性化的，面对同样的词句，学生们的个体感受会各有不同甚至差异很大，可能讨论到最后也无法达成一种意见，但通过这种课堂交流，他们对诗词鉴赏的方法不再陌生，甚至可以立即活学活用，这就是"智慧"的根本意义。

（三）课堂生成与临场应变将成为未来衡量教师专业素养的重要标准

在语文教研组的集体评课活动中，有老师给我们举了一个教学范例：

一位语文老师借班教授《雪落在中国的土地上》这篇课文，备课时充分考虑了班级学情，授课时将主动权全都教给学生。先朗诵后讨论，极其自然地引出意象，然后引导学生自然地去理解时代背景，感悟人物形象。一上课就先问学生有哪些问题，然后共同讨论解答。整节课全是"生成"，没有预设痕迹。

这节课结束后，在场评课的 39 位老师公推它为第一。

这个典型案例告诉我们，"教学预设"的时代已经逐渐过去，"课堂生成"的教学变革时代已然到来。这对教师的临场应变能力和专业素养提出了较高的要求，非一日之功，得通过多多实践来锻炼。

（四）教师要走出"舒适圈"，不断挑战自我，保持探究的勇气和毅力

此次接下"智慧课堂"的开课任务，本就是为了挑战自己，加上我的专业研究方向就是词学，当仁不让该上好这节"宋词鉴赏课"。在一次一次的磨课过程中，虽说已经是入职四年的"老"教师，但仍然时刻感受到较大的压力。万幸的是，压力转化为动力，试讲的效果一次比一次好，在整个备课组老师们的大力支援下，我顺利完成了这节课，我的教学生涯有了新的增长点，实在欣慰。回顾整个过程，我只想说，人就是要时不时地"逼"自己走出"舒适圈"，教师就是要通过经常开课来锻炼能力，如此才能一直保持教学的激情，保持探究的好奇，成为更好的自己。感谢建平给予我们青年教师"智慧课堂"这样的广阔平台，也感恩自己如愿以偿地走上三尺讲台，每天都有新收获，充实而自信。

参考文献
[1] 杨振峰主编，张强等编写. 建平中学学科教育质量标准（语文），2017(6).
[2] 何克抗. 从"翻转课堂"的本质，看"翻转课堂"在我国的未来发展 [J]. 电化教育研究，2014，35(07):5-16.
[3] 李智. 基于信息技术发展的高中"翻转课堂"教学 [D]. 华中师范大学，2015.
[4] 祝耀安. 如何构建高中语文智慧课堂 [J]. 西部素质教育，2015(1):84-86.
[5] 刘邦奇. 翻转课堂2.0：教学系统结构性变革趋势 [N]. 江苏教育报，2015(4).
[6] 夏永立. "翻转课堂"的热现象与冷思考 [N]. 中国教育报，2016(9).
[7] 李艳玲. 语文智慧课堂及其构建策略研究 [D]. 湖南科技大学，2016.
[8] 冯碧红. 例谈实现语文智慧课堂的有效途径 [J]. 基础教育研究，2017(12):10-12.

"基于学生认知的问题"，让《草莓》"回甘"

——聚焦智慧课堂的课堂转型的课例研究

□ 郑雨佳

摘要：上海市建平中学聚焦"智慧课堂"是以"基于问题、基于情境、高效互动、高阶思维、富有人文"为主要特征。当下，我们所倡导的新课程理念特别重视核心素养，与"智慧课堂"的理念也是一脉相承的。所以教师有必要在这些精神的引领下，思考如何转变教学方式，从而改变学生的学习方式，从而更有效地激发学生的智慧。本篇课例研究着重探讨其中"基于问题"这一点，通过课例研究我发现，基于学生认知起点，针对学生认知冲突和认知盲点进行问题设计，才能真正激发出学生的智慧。

关键词：智慧课堂 基于问题 课堂转型 教学课例

一、研究背景

这是第一次进行"智慧课堂"公开课的展示，所以在研究这堂课之前要对"智慧课堂"的精神有一定的了解。

教育家陶行知先生就倾心践履智慧教育，并指出："智慧是生成的，知识是学来的"。当下，我们所倡导的新课程理念特别重视核心素养，与智慧教育也是一脉相承的。

建平中学聚焦"智慧课堂"是"基于问题、基于情境、高效互动、高阶思维、富有人文"为主要特征。

其中，"基于问题"这一点太重要了，我忍不住把所有的解释摘录下来——

"向学生呈现有价值的问题。这些问题是原汁原味的，在现实情况下就是这么出现的，学生在实际中就是这么接触到的。在描述问题时，促进者要说明需要学生扮演什么角色，让学生真正拥有问题，进入角色和状态；期望学生产生什么学习产品和成果。在明确任务后，小组进入研讨；在问题解决过程中，学生要不时地暂停下来，反复他们到目前为止所收集到的材料，提出对问题及其可能解答提出假设；展示成果，交流与评比，切磋与反思。教学过程要符合'问题引领——发散思考——探究求证——总结反思——迁移运用'的基本流程。"

到底怎么"基于问题"呢？我经过对《草莓》这篇课文的反复磨课和讨论，逐渐发现或者说证实了一些原则，呈现如下。

二、"智慧课堂"：《草莓》简要教学设计

授课时间：2017 年 12 月 6 日

	师生活动	设计意图
活动一	问题一：文章第 1 段和第 3 段有何不同？ 【学生活动】借助预习作业的配图比较 1、3 段的不同，并就此发现第 2 段的作用。	图片能帮助学生形象化地理解前 3 段之间的联系。
活动二	问题二：文章前三段和后三段又有何不同？ 【学生活动】每小组自选一个角度交流。 可以从写作对象、表达方式、人称、情感、意蕴等角度切入探讨。	激发学生分角度自主研读文本的能力。
活动三	问题三：文章最后一段的转折，是否将情思转回了前文第 4 段？ 【小结】 总体而言，这篇文章"因物情移"，没有第 6 段也是一篇美文。但是如果缺少第 6 段，文章的思辨性和审美意味都会大打折扣，正是第 6 段使得文章越发"蕴藉深远"。	教师适当追问，形成高效互动，激发高阶思维。
作业： 学以致用	读读散文《秃的梧桐》《故乡草》，赏析其结尾的艺术。	帮助学生内化课堂所学。
板书	因生成性较强，课堂灵活处理。	

三、课堂实录与反思

（一）这次《草莓》上了什么？——对教学价值的挖掘及实践反思

《草莓》是上海版语文教材高二第一学期第四单元的一篇散文，也被收入了人教版九年级上册。从同时收入初高中教材这点来看，本文虽文不甚深，但不同学段的教学应挖掘其不同的价值。这又是一篇易于让教师难以重视的文章。它不似小说有精彩的情节，初读很难引起学生兴趣；而文章篇幅又不长，虽看似简单，其实却容易让教师疏忽对教学价值的深挖。

在高中进行本文的教学，我以为要更注重其中的这些教学价值：（1）本文符合典型的散文写作思维，以相似联想唤起理性思考。（2）本文情思多变且内蕴深远，需要用心阅读文本，把握文章意脉和段落词句间的内在差异才能深刻领悟。这一教学价值，着眼点是在"语言建构与运用"和"思维发展与提升"，以期对学生语文素养的提升有一定的作用。

以上都是我的理想分析，而现实却告诉我，最难的是怎样自然地引导学生同老师一样"心有戚戚"。因此我进行了诸多尝试（详见表1）。

第四稿生成性最强，也是个人最想完成的，但无奈学生还是"四月草莓"，好奇心和创造力旺盛，所以在画图环节耽搁的时间远远超出我的想象。而又由于时间紧迫，没有想出更好的改进办法，所以这一教学环节只能忍痛割爱。从第一稿大最后一稿，可以说发生了巨大的改变，这一改变是基于部分试讲班级学生学情的，因为对这些班级的孩子而言，寻找"相同"不具有挑战性，而寻找"不同"是相对比较困难的。

但教学目标基本还是锁定在对文章情思和语言的挖掘上，所以在最后一稿里采用了较为传统的比较法进行授课，使得课堂思路明晰很多，不过学生的生成性和参与度相对减低。也因为我对调整后的教案只进行了一次试讲，这就导致在每个环节的推进较为缓慢，在时间把控上有较大问题。在最后增加了一个"体验"环节——学生回初中母校，才稍微热络了气氛，引起了学生的共鸣，但剩下的时间不多，只能匆忙收尾。

反思几次磨课没有收到较好的效果，原因可能在于：每次试讲教案改动较大，教学目标表述含糊，这说明我对教学内容只是"有感觉"，没有真正"想明白"。因此，对于《草莓》这类教学价值多而生成性强的课文，应该更早地开始磨课试讲，并更早明确教学目标。

表 1 磨课过程中《草莓》教学目标和教学方法的演变

	教学目标	教学重点	教学难点	教学方法和主要教学环节
第一稿	理清文章的"意脉"——思想情感的主线。并理解"意脉"与文本结构与言语的耦合之处，以迁移到自身的写作中。	1.理清文章的"意脉"，并理解"意脉"与文本结构与言语的耦合之处。比如伏笔，前后照应，象征、联想等写作手法等应用。2.品味意脉波折，从而感受感性理性交织的思辨美，以提升学生写作立意和格调。	小结方法并作迁移。	思维导图法（1）对文章整体思维模式或结构的发现——相似思维结构。企图利用桥状思维导图勾连出文本前后"同"之处。（2）对细节推导的发现和探究（重点讨论环节）。
第二稿	对散文"相似思维"写作模式的探究。	厘清文章的写作思维模式（是怎样通过相似联想和推导形成作者自己的情思的）。	发现文章情思的转变，理解文章更丰厚的内蕴。	思维导图法（1）找到触发点。（2）理解联想的相似性及其写法。（3）理解主旨倾向。
第三稿	借助对文章情思转变的学习，深化对文章主旨的理解。	厘清文章的情思转变（意脉）及其写法。	探讨转折中的认知跃迁。	
第四稿	借助对情思转变及其写法的学习，深化对文章写作意图的理解。	厘清文章的情思转变（意脉）及其写法。	深化对文章写作意图的理解。	画图法（1）找一找：文章体现情思之处。（2）画一画：对文章情思特点的形象化展示。（3）说一说：选择一个小组上前展示（在这个过程中学生产生疑问或认知冲突，教师相机点拨，最终指向对主旨的理解）。
第五稿	通过比较探究本文段落间的不同，从而加深对文章情思意蕴的理解。	通过比较探究本文段落间的不同，理清文章情思的转变。	深入理解结尾的内涵和作用。	比较法。

(二)"智慧课堂"应该注重什么？——对教学方向的反思

张强老师在评课时，特别针对"问题"提出了三点：（1）什么是真问题？具有思考空间和认知冲突的。（2）问题来自谁？应该来自学生。（3）解决问题的思维有时候比问题的答案更重要。也给了我很大的启发。

而其他几点告诉我，"智慧课堂"要激发的是"活水"而非"死水"。然而，要让课堂如水般随物赋形，对青年教师而言并非易事。讨教郑朝晖老师，他给出的建议是，无论课怎么上，都离不开对以下三个方面的关注：（1）对文本本身到位明确的阅读分析。（2）对学生充分的认识和了解。（3）对学科特质的把握。反思我整个磨课到正式上课的过程，确实在这三方面或多或少有所疏漏。

其实这篇《草莓》是选读课文，之前没有成熟课型，所以这次探索也引发了很多语文老师的关注和思考。他们给出了很多建议和思考（详见附录1：课后其他老师们提出的建议）。

比如余锡宝老师认为这篇课文的难度在于：（1）翻译文章。与汉语的表达方式有差异。（2）情感太隔。有着丰富的意蕴，但学生的生活经历没有涉及这一问题。（3）结构匠心。文章起承转合、层层推演、前后呼应。如第4段呼应第1段，第3段呼应第5段等，都需要细品才能发现。毛承延老师认为整篇文章思路结构一波三折、层层递进。象征手法的运用，把理性认知转为情绪表达。作家是把思想变为语言，读者反之。《草莓》这篇文章语言很漂亮，课堂上可能挖掘还不够。作业布置上可以选择一篇符合学生认知规律的，类似草莓的文章。

基于以上认识，我对《草莓》"应该上什么"逐渐明晰起来。

(三)《草莓》的"智慧课堂"应该上什么？——对教学内容的改进

经过试讲，我发现对于本文的相似联想学生不难理解，难的是怎样通过对本文的细读去理解文章丰富的内蕴。因此我努力尝试转变学生的学习方式和自己的教学方式，比较法是文本细读的一个不错的抓手。希望这次尝试能最终实现这样的可能：学生"在不疑处有疑"，并更多地运用审美的眼光去阅读这篇文章，实现他们认知上的提升。"但是在实际操作中却没有很好的实现当初的期望。最大的问题就在于我的核心问题没有真正基于这个学情。

基于前述对智慧课堂的体认，我认为这堂课可以改进的首要方面正是问题设计。

首先，应该基于学生认知起点设计导入环节的问题。这点可以从学生课前做的预习作业——对文章思路的概括梳理看出。他们大多对这篇文章"因物情移"的特点有所了悟，只是缺少专业的术语方面的认知。所以这点只需要稍加明确即可。

其次，核心问题设计应该针对学生认知冲突。

其实，在课前我调查过学生有何问题，比较有代表性的是：

1. 草莓在文中代表的到底是什么？是青春吗？或仅仅是作者想起六月的契机？那晚熟的草莓是否没有因季节而改变，与作者的观点相矛盾呢？

2. 文章的主旨（情思的终点）到底是倾向于让我们珍惜年轻芬芳的时光，还是感激成年后理性、经验丰富的时光？

虽然无法预设学生会怎样生成，但我自己内心对这些问题应该有一个明确的想法。

第一个问题说明学生还没有完全理解草莓在文中的作用，以及这个晚熟的九月草莓与六月草莓到底有无变化这一问题。这个问题并没有在这次智慧课堂上得到很好的明确，所以在未来的课堂上要想办法明确。实际上我在前期关注这个问题，但太过强调"相似性"这样一个学生不太熟悉的概念，而没有就各种文章可能"象征意义"去做梳理。

【明确】这是一颗晚熟的草莓,在它身上融合着"不变"与"变"的因子,"不变"是因为它带有六月的香甜芬芳,"变"是因为它拥有九月的成熟,与"真正的六月草莓的那种妙龄十八的馨香"已有所不同。

要回答第二个问题，首先要搞清楚文本本身——作者谈人生思考的4、5、6段分别在讲什么，以及他们之间的关系。这次上课更看重的是后者，而没有更落实在文本本身，好好解决前一个问题。

其实在人生思考的段落里，也存在着"变"与"不变"。不变的是爱好、思想、感想等美好的时光和回忆，变的是与"青春时代"不同的空气、时光，以及时光赋予的不同人生——心性和容颜、思想和情感、思虑、生活、经验、信仰和理性。期望"不变"，是作者一厢情愿的幻觉麻痹法。而针对这些"变"，作者的情感倾向是什么呢？文中有一个关键句叫"有所剥夺，也有所增添"。在这句话后面更多地强调了增添的东西，加上排比语势的强烈，学生很有可能在这里明确了作者对成熟期肯定迎接的态度，甚至是洞察真相后对"激动不安、若明若暗的青春岁月"的切割。

但之后一个"然而"将文章的情思又进行了转折，这也就增添了学生新一层的认知冲突。如果"然而"后是对前文的否定，那么是否又将认知转回了第四段呢？这一问题在课堂得到了解决，即结尾段的转折意在强调我们的理性认知不能否定感性追怀，不作展开。

我还注意到，在第六段本身的表达也存在很多看似矛盾之处，比如：

（1）前文说九月草莓与六月草莓一样香甜，但这里说味道"不可取代"，也就是说味道不同。

（2）根据前述分析：六月的气息——妙龄十八青春期的气息，说它是"惴惴不安"第四段却说"妙龄十八"时"一切都如花似锦，韶华灿烂。"两者似乎有矛盾。

【明确】这里牵涉到的是视角变化的问题。产生矛盾的原因是因为文末是站在理性的九月去进行追怀而得出的，惴惴不安可能是回忆身处六月之中青春期的感受。

两个来自学生的问题都存在一定的认知冲突，完全可以成为这堂课的探讨的重点。学生可以在这个过程中争辩，质疑，互相激发疑问。这其实也是我在三稿中的设想，对于喜欢争辩的班级，是可以采用的。但不一定适合所有的班级。因此应该在活动设计上再作探索。

当然，对第二个问题的最终答案是不唯一的，这就让我对这篇文章的写作意图产生了怀疑。是否真的如教参所言，是呈现一个完全积极向上的激励？这里是存在某种暧昧的。这篇文章是披着"说理"的外衣，来呈现作者这种纠结的思想和情感状态，更多的意图是想达到与读者之间的共鸣。这种感性与理性的拉扯正展现了作者情思的复杂性、矛盾性、丰富性。而这恰恰是更具有审美特征的。这种程度的认识是站在更高层次看文本了，学生是不太可能直接发现的，那么这就可以成为学生的认知盲点。

那么，如何让学生突破认知盲点呢？

课后和学生聊，用"你认为最后一段是谁写给谁的"这样的问题启发，学生得到了很多答案，比如作者可能是作为一个成年人在为青年献上祝福，让青年过得更像青年，才能让青春的逝去显得不那么遗憾；同时也可以是对成年人提出希冀——不要忘记自己青年时期的"味道"，可以去包容周围的青年人，也感恩自己曾经拥有的青年时代……这个时候，我再问他你觉得作者最后是在"说理"还是"共情"？他一下子就明白了。这也给我一个启发：针对认知盲点的问题，并不一定是针对盲点的，而是可能要经历一个认知过程，让学生自己在"体验式学习"中发现作者的真正意图。在这次公开课中其实也可以就学生最后的发言作一个"共情"的小结——孩子确实是用自己的真实经历和体验，来帮助大家认识最后一段的"共情"作用的，如果再趁热打铁请其他同学发表类似的体验和看法，那么审美认知层面的跃迁就有了一定的可能。

另外，前述老师们提及的种种语言价值，既是体现学科特质的，也是学生的一个认知盲点。需要在课堂过程中调动学生朗读、关注文本细节这类"体验式学习"方可生成。如果有些小组活动妨碍了这方面的学习，不妨在活动设计上加以改进。

基于上述认识，我又在评课后修改了一版教案（见表2），并且借班上课来检验效果。结果发现，基于学生认知起点的问题能很快地吸引学生，并且课堂推进更快速有效。整个问题设计也有推进，基于他们的认知起点却又逐渐加大难度，使得学生全程参与的热情较为高涨，也有所收获。

表2 评课后的修改：《草莓》教学设计

教学内容			
教学篇目	草莓		
教材版本	华东师范大学出版社2007年版高级中学课本		
适用年级、学期	高二第一学期	所在单元	第四单元
教学定向			
教学目标	教学目标：借助对情思转变的理解，加深对文章情思意蕴的理解。		
教学重点	厘清文章的情思转变（意脉）。		
教学难点	深入理解结尾的内涵和作用，从而深化对文章写作意图的理解。		
教学形式	个人体验式学习、小组交流式学习。		
教学课时	第一课时。		

(续表)

主要学习问题设计			
问题1：前三段与后三段的联系在哪里？			
问题2：文章第6段又在诉说着什么呢？			
问题3：这篇文章到底是谁写给谁的？			
主要学习活动与步骤			
活动一		活动任务	点出"草莓"作用，分析前三段和后三段的情思变化及异同。
^		问题引领	前三段与后三段的联系在哪里？
^		主要步骤	
^		1.学生结合文本分析。 2.教师根据学生回答适当生成相应的曲线图。	
活动二		活动任务	深入理解结尾的内涵和作用。
^		问题引领	文章第6段又想表达什么呢？
^		主要步骤	
^		1.学生小组讨论：可以从结构上讨论，也可以在文本上细究。	
活动三		活动任务	深化对文章写作意图的理解。
^		问题引领	这篇文章到底是谁写给谁的？
^		主要步骤	
^		1.学生自由发言。 2.教师小结。	
作业		运用课堂所学，鉴赏作者另一篇散文《肖邦的小屋》。	
板书		由于本课生成性较强，现场灵活处理。	

四、小结

通过上述课例研究我发现，基于学生认知起点，针对学生认知冲突和认知盲点进行问题设计，才能真正激发出学生的智慧。

其实有很多想法我在磨课过程中预设过，但实际操作时，发现不同班级学生呈现出来的课堂是完全不一样的。郑朝晖老师在最近一期《教师月刊》的采访里，提及了这样一句话"你接触的学生越多，越会发现学生的认知是千差万别的，但是千差万别中也有些稳定的东西。教师的责任就是去发现这些稳定的东西"。所以最大的经验教训仍然是万变不离其宗：熟悉学情以及文本，确定好符合语文学科特质的教学内容。也希望以后还有机会在实践中探究这堂课"怎么上"更好——也就是《草莓》怎么"回甘"的问题。

"智慧课堂上，勇于自我救赎的教师必定是一个有良心的教师，勇于自我超越的教师必然是一个有智慧的教师。"从这点来看，我有一定的教学勇气，勇于在教材的选择上超越自我，但是在课堂设计上的超越性还不够。希望能用勤学多思克服自身的驽钝，来完成这份自我救赎。

语文教学的智慧需要慢慢探求，这次展示课并非终点，来日方长，余味回甘。

参考文献

[1] 杨振峰主编. 聚焦核心素养的智慧课堂探索[M]. 上海科学技术文献出版社，2017(10).
[2] 王铁仙. 高级中学课本：语文 二年级第一学期（试用本）[M]. 华东师范大学出版社，2007(8):52.
[3] 毛文武.《草莓》中的"意"与"形"——兼谈艺术散文的解读[J]. 语文学习，2017(6).

品评末路英雄　感悟史家胸怀
——《垓下之围》课例与教学反思
□ 邢　静

摘要：《垓下之围》是《史记·项羽本纪》中的重要内容，也是司马迁最浓墨重彩刻画人物的一段文字，对学生理解项羽的人物形象、理解司马迁的创作意图有很大的帮助。因此，本课将教学目标定位于理解项羽人物形象的立体性、悲剧性，探究司马迁的写作目的，通过关键问题"项羽真的是一个英雄吗？"引发学生思考并引导其深入文本给出自己的依据，最终将项羽定位于一个悲剧的英雄人物形象。通过对项羽形象、结局的讨论，深入思考作者的创作意图。

关键词：项羽　英雄　悲剧性

一、研究背景

《垓下之围》是建平中学高二语文"走近大家"系列之《史记》模块的入选文章。上海市语文课程标准要求高中学生能够分析基本的文学形象，并能有依据、有条理地表达自己的观点，提升思维品质。《史记》模块的设定旨在使学生研读《史记》经典篇目，了解其塑造人物形象的方法，了解司马迁的创作风格，进一步提高文言文阅读能力。其中《垓下之围》是司马迁最浓墨重彩刻画人物的一篇文章，对学生理解项羽、理解司马迁的创作有很大的帮助。

二、简要教学设计

(一) 教学目标

理解项羽人物形象的立体性、悲剧性，探究司马迁的写作目的。

(二) 教学重点和难点

重点：通过课堂讨论，理解项羽人物形象的立体性。

难点：探究司马迁的写作目的。

(三) 教学过程

【导入】

提起项羽，人们总是会想起李清照的那首《夏日绝句》："生当作人杰，死亦为鬼雄。至今思项羽，不肯过江东。"其中"人杰""鬼雄"把项羽定位在了一个英雄的形象。

【设疑】

项羽真的是一个英雄吗？

从文中看，四面楚歌时项羽大惊失色、泣数行下，逃跑的时候又被田父所骗导致迷路深陷大泽当中，兵力殆尽，最后落得一个自杀的下场。请大家以小组为单位，结合文本讨论：你认为项羽真的是一个英雄吗？

学生交流。

教师小结：关于什么是英雄，每个人的标准都不尽相同，项羽引起了我们这么大的争议，他是一个特殊的历史人物，他失败了，却被司马迁写入本纪，并且列于汉高祖本纪之前。垓下悲歌里我们看到他深情、柔情的一面，东城快战里他勇猛善战，乌江自刎时他重情重义，所以很多人认为他是英雄，但是他也有太多性格上的弱点，留给后人去评判。所以我们可以说他是一个立体的英雄人物形象。

鲁迅曾经说过"悲剧是将人生有价值的东西毁灭给人看"，项羽重情重义、有着自身的高贵性，但最后却自刎而死，这是一个立体的悲剧英雄的形象。

【进一步体会项羽人物形象的悲剧色彩】

但自刎并不是项羽真正的结局，原文后面还有一段话：

王翳取其头，余骑相蹂践争项王，相杀者数十人。最其后，郎中骑杨喜、骑司马吕马童、郎中吕胜、杨武，各得其一体。五人共会其体，皆是。故分其地为五：封吕马童为中水侯，封王翳为杜衍侯，封杨喜为赤泉侯，封杨武为吴防侯，封吕胜为涅阳侯。

思考：你认为以哪个内容结尾更能凸显项羽的悲剧人物形象，是自刎而死还是五人分尸？

【探究司马迁的写作目的】

从历史的角度来看，这一段内容是历史事实，反而是项羽死前的三个场景有很多虚构、夸张的成分，但为什么司马迁要在基本史实之外花这么多笔墨刻画项羽之死，极度渲染这种悲剧气氛呢？

三、课堂实录与反思

（一）课堂实录片段

师：你认为项羽真的是一个英雄吗？请大家小组讨论，每组重点讨论一个场景，这边两组"垓下悲歌"，这边两组"东城快战"，这边两组"乌江自刎"，给出你的理由。讨论完本场景后可以讨论另外两个场景。开始讨论。

生1：我觉得这个场景没有办法体现出英雄性。理由是项羽夜闻汉军四面楚歌就大惊失色，但其实这是刘邦的计谋，项羽听到这个消息，没有立刻做出判断。后面"泣数行下"都体现出内心一种悲苦的情绪，是比较悲情的感觉，但是没有英雄气概。

生2：我觉得第一个场景体现了英雄气概，从"力拔山兮气盖世"可以看出，尽管这个时候是四面楚歌的状态，但他没有畏惧死亡的恐惧，还是非常悲壮的，这句话就可以看出英雄气概。

师：恩，从"力拔山兮气盖世"可以看出来，请坐。和刚才那位同学观点不一样了,(问生1)她说服你了吗?你同意她的观点吗?

生1:不太同意。但是形象可能是比较复杂的,我觉得这里说表现英雄气概有点牵强,还是要看故事的发展吧。

师:好,这两组还有补充吗?那故事发展到东城快战这里怎么样呢?

生3:我们觉得第二个场景里项羽是个英雄,从动作来看就是比较英勇的。比如说"瞋目叱之"。

生4:我们也觉得表现出了英雄气概。我们组是这样总结的:第一,他带兵以少胜多,很有战略谋划;第二,他行为果断、武艺超群;第三,他对自己的战果有一个准确的预测,很有大将风度。然后后面的语句"骑皆伏",还有项羽自己说历经七十余战没有败绩,所以我们认为他是个英雄。

师:好请坐,你们都同意吗?有没有人觉得东城快战里项羽不太像是一个英雄的?有没有不同的观点?

生5:我觉得他如果是真心爱护他的部下的话应该集中力量一处突围。

师:所以你觉得这里项羽算英雄吗?

生5:但是很难说,首先我觉得讨论这个问题很奇怪的一点就是没有把英雄的定义搞懂。

师:你觉得英雄是一个什么样的定义呢?

生5:我们说大丈夫能屈能伸,项羽说他无言面对江东父老,他不懂得卷土重来,从这一点看没有英雄的特质,我们觉得可以称他是枭雄。我们组对英雄的定义出现了一点分歧。我个人是很主观的,我觉得他在这里还是很帅的。

师:好,我们接着来看下一个场景乌江自刎?来这一组同学。

(二) 教学反思

《垓下之围》的教案一共经过了五次修改,第一稿只是常规地带领学生分析项羽的人物形象——通过朗读加深对其悲剧性的体会——探究司马迁"笔补造化"的写法,缺少有思维含量的问题设计。而建平中学的智慧课堂,是以"基于问题、基于情境、高效互动、高阶思维、富有人文"为主要特征的,所谓"基于问题"就是要向学生呈现有价值的问题,让学生能够迅速进入学习的角色和状态。因此,我几经打磨教学设计,最终以三个问题呈现本节课:

（1）你认为项羽真的是一个英雄吗？

（2）哪个结尾更能凸显项羽的悲剧英雄形象？

（3）司马迁为什么要浓墨重彩地刻画项羽之死？

以问题（1）激发学生的思考，引导学生深入文本解读项羽的形象，通过问题（2）来加深学生对项羽形象悲剧性的理解，进而探究司马迁的写作目的：既然从历史的角度来看，结尾的内容是历史事实，反而是项羽死前的三个场景有很多虚构、夸张的成分，但为什么司马迁要在基本史实之外花这么多笔墨刻画项羽之死，极度渲染这种悲剧气氛呢？整节课由人物形象（写了什么，怎么写）到作者意图（为什么写），在思维上得以顺利地推进，最后通过作业安排学生课外阅读《史记》名篇，来加深对《史记》人物悲剧性的理解。

从第一稿仅仅带领学生分析人物形象，到最终以问题来激发学生的思维，从老师带领学生学文章到以问题引导学生自己读文章、探究思考，符合建平中学智慧课堂"基于问题、高阶思维"的要求。

教案设计好之后，不免"想当然"地走上课堂，认为课堂应该可以按照自己设计的流程顺利推进了，这个时候试讲课的价值和意义便凸显出来。就本堂课而言，尽管我设计了对项羽是否算英雄的讨论交流环节，但我想当然地认为，应该没有学生会认为项羽不是一个英雄，提出这个问题，其实想得到的答案是："项羽是英雄。"然后便可以顺水推舟地引导学生去分析英雄身上的深情、勇猛和重情重义。这便是教学的俯视视角。而第一节试讲课，学生就对这个问题产生了极大的争议，使我意识到，我并没有真正的平视学生的思维起点，这才是试讲的意义所在，它让我发现预设和学生思维起点的不一致，继而去调整教学设计，甚至是教学理念。

在我看来，平视的视角还体现在上课过程中教师对学生课堂生成的一种关注，其实在上课时，我可以更好地去引导学生深入文本，从学生的回答中抓住一些细节性的词语体会项羽的形象，把对人物的认知深入推进，但我却忽略了这一点，也许在一节公开课上，我的关注点更多是在于接下来的流程应该如何推进、时间把握的是否合适之类的问题，导致对文本的研读还不够扎实。下次公开课，我想我会多跟学生对话与交流，真正的以平视的视角看待学生与课堂，只有这样，才能抓住学生思维的闪光点，才能发现学生思维上存在的问题及时予以指导。

四、小　结

　　也许在很多人心中，项羽都是一个不折不扣的英雄形象，但在这次上课的过程中我发现，学生却不能直接得出这样的结论，甚至有很多学生认为项羽在垓下的表现称不上是一个英雄。因此，在充分的讨论和交流观点后，我告诉学生，尽管我们对项羽是否是英雄这一点暂时是有争议的（事实上在这节课快结束时，认同项羽是一个英雄的同学更多了），但我们能读出司马迁是把项羽当做英雄来塑造的，他通过文字充分了表达了对项羽的敬佩和惋惜之情。项羽从未称帝，司马迁却给了他至高无上的历史地位，这样的史家胆识和胸怀可以说是千古无人能比。所以鲁迅评价《史记》是"史家之绝唱"。

　　而因为自身命运的悲剧色彩，所以司马迁更偏爱写悲剧人物，在刻画他们的过程中饱含着自己的满腔血泪，浸透着对自己不幸命运的哀叹，因为史记本身就是司马迁遭遇痛苦的幽愤之作。所以鲁迅又评价《史记》是"无韵之离骚"。《史记》130篇中写悲剧人物的有77篇，一共刻画了一百多个悲剧人物的形象。司马迁通过对悲剧人物命运的思索来总结历史的规律，表达自己对社会的思考和对人生的追问——这就回到司马迁创作史记时的自述，他渴望通过《史记》做到"究天人之际、通古今之变、成一家之言"。因此，《史记》真的值得我们细细品读。

　　学然后知不足，教然后知困。希望我可以通过这一堂课调动起学生探究《史记》的兴趣，也希望我可以在今后的课堂上，真正点燃学生思维的火花，真正做到"用一个智慧的生命去照亮一群智慧的生命，用此智慧的心灵去唤醒彼智慧的心灵"。

参考文献

[1] 李长之. 司马迁之人格与风格 [M]. 商务印书馆，2011.
[2] 韩兆琦. 史记选注集评 [M]. 广西师范大学出版社，1998:34-40.
[3] 杨振峰主编，张强等编写. 建平中学学科教育质量标准（语文）[G]. 2017(6):1-20.

借历史塑造素养，用现实感悟真谛

——《对数的概念》课例研究

□ 杜金金

摘要：从 HPM 视角下设计的数学概念教学很大程度上打破了传统数学课堂的格局，数学史的引入不仅调动了学生的兴趣，而且创造了数学发生的过程。笔者以沪教版高中数学课本高一第二学期《对数的概念》为例，试图在对数的"人文性"和"数学性"中找到一个平衡点，既展现对数背后的意义和应用，又彰显对数运算的本质与核心，通过重塑历史的方式，浸润对数的思想。

关键词：HPM 数学史 对数的概念

一、研究背景

从 HPM 视角下设计的数学概念教学很大程度上打破了传统数学课堂的格局，数学史的引入不仅调动了学生的兴趣，而且创造了数学发生的过程。作为一堂数学课，浓郁的人文气息不可或缺，但本质的数学思想也必不可少。笔者以沪教版高中数学课本高一第二学期《对数的概念》为例，试图在对数的"人文性"和"数学性"中找到一个平衡点，既展现对数背后的意义和应用，又彰显对数运算的本质与核心，通过重塑历史的方式，浸润对数的思想，让数学不再仅仅停留于纸上和笔下，而更应该在现实生活中，在一颗传承的心中！

二、简要教学设计

（一）教学内容分析

对数的概念作为第4章幂函数、指数函数和对数函数（下）的第一节的第一课时，是学习对数函数的基础。对数运算作为一种新引入的运算，必然有其引入的合理性、确定性和唯一性，将对数运算和指数运算进行对照便可发现两者互为逆运算，很多结论氤氲而生。此外，更要凸显的是对数运算引入的必要性，即对数在实际生活中的应用价值，让学生感受数学的实用性和趣味性。

（二）学情分析

学生在已经熟练掌握幂函数和指数函数的基础上，尤其是指数运算的基础上，对于对数的概念学习有了初步的理论基础。但是，学生对于新引入的对数运算仍然比较陌生，在符号的读法和用法上需要时刻加以纠正，养成良好的习惯和严谨的学术规范。学生需要学会充分利用对数的定义和对数的形成过程思考问题和解决问题，熟练完成对数式与指数式的相互转化。

（三）教学目标

理解和掌握对数的概念，熟练掌握指数式与对数式的互相转化，体会对应和类比的数学思想，培养发现问题、分析问题和解决问题的能力，感受数学来源于生活且高于生活，激发学习兴趣，展现应用价值，培养学生数学运算和数学建模的核心素养。

（四）教学重点和难点

教学重点：
1. 对数的概念
2. 指数式与对数式的互相转化

教学难点：

1. 符号 $\log_a N$ 的含义
2. 常用对数和自然对数引入的必要性

(五) 教学技术运用

1. Excel
2. PPT
3. Casio 计算器

三、课堂实录与反思

(一) 感受历史

师：十五六世纪，天文学正处于科学的前沿，然而天文学家们遇到了一个棘手的问题，想请大家试试看能不能解决？计算 $299792.468 \times 31536000$，可以用 Casio 计算器！

生：$9.454255271 \times 10^{12}$。

师：Casio 计算器计算出的结果是近似值，而不是精确值。我们借助 Windows 系统自带的科学计算器计算出精确结果为 9454255270848，而这便是天文学测量中的基本单位光年。

设计意图：Casio 计算器在处理大数运算时都只能做近似处理，可见对于大数运算问题的解决迫在眉睫。

师：在那时，为了确定一个星球的位置和与地球的距离，这样的大数运算十分常见。究竟什么样的大数运算才让大家似乎望尘莫及呢？

$$299792.468 + 31536000$$
$$299792.468 - 31536000$$
$$299792.468 \times 31536000$$
$$299792.468 \div 31536000$$

生：乘除运算。

师：试想一下，在那个没有高科技的时代，究竟是谁给了所有天文学家活下去的勇气？今天就让我们一同走进伟大的数学家——纳皮尔的世界，一同领略他的数学思想，看看他是如何解决世纪难题的。

设计意图：将大数的复杂运算进一步定性为乘除运算，乘方运算和开方运算在学习完对数的运算性质后再进行介绍，降低问题的复杂性。

（二）演绎历史

师：首先我们先来玩一个速算游戏，比一比谁的速度最快！

$$(1)32\times32；(2)16\times256；(3)128\times256$$

生：(1)1024；(2)4096；(3)32768。

师：口算的速度比按计算器的速度都快，能和大家分享一下是如何做到这么快的吗？

生：每个数都是的正整数幂，可以利用指数运算性质进行化简，我玩过 2048 的手机游戏，所以对于 $2^n(n\in\mathbf{N})$ 的数比较熟悉，背了出来。

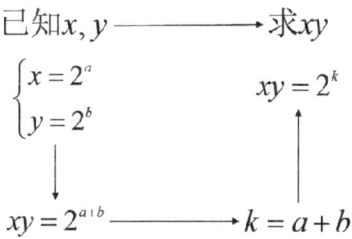

师：我们用流程图的方式展现出来。目标是计算两个数相乘，我们并没有选择直接相乘，而是将它们化成以 2 的指数幂的形式，利用指数的运算性质先进行化简，最后求 2 的指数幂。然而并不是每个同学都能够直接背出 2 的指数幂的值，有没有什么解决途径？

生：制作一张 2 的指数幂的表即可。

师：只需利用大家都熟悉的 Office 办公软件中的 Excel 便可完成这张表格，大家看看现在能否快速地完成刚刚的速算游戏！

1	2	3	4	5	6	7	8	9	10	11	12	13	14	15
2	4	8	16	32	64	128	256	512	1024	2048	4096	8192	16384	32768

设计意图：通过速算游戏，模拟对数想法的由来。学生想要制表的想法和"对数表"的产生不谋而合，不经意间将历史演绎了出来。

师：同学们都很厉害，当年纳皮尔就是制作了这样一张数表解决了大数乘除的问题。我们弹指一挥间的功夫制作的表格当年纳皮尔花了整整20年的功夫才想明白并且制作完成，这其中浓缩了他充满奥妙的数学思想。然而，用今天的眼光来看，这张表格真的完美无缺吗？

生：第一个做这张表的人计算量很大。

生：底数发生变化时需要全部重新做。

生：表格无限，但人生命有限，无法穷尽。

生：无法解决小数的对应问题。

设计意图：学会质疑，发现"对数表"问题的过程便是演绎"对数表"发展的过程，也同时烘托出一个数学研究过程的不易和艰辛，对纳皮尔肃然起敬。

师：相信对于这几点，大家达成了共识，前三条纳皮尔都用恒心和毅力基本解决和克服了，但最后一条似乎遇到了一些瓶颈。其实一般地随便给出一个数，比如31536，我们似乎都无法在这张表格中找到与之对应的值。虽然不能找到精确的对应值，但是我们可以估测。

生：在14到15之间。

师：我们有办法再精确一些吗？

生：二分法。

生：把表格的精度变高。

师：二分法是一个很好的办法，请同学们课后自己试一试。为了方便呈现，我们沿用表格，将表格的精度变高，试想纳皮尔又多花了多少个日夜进行繁杂的计算。

14.92	14.93	14.94	14.95	14.96	14.97	14.98
31000.417	31216.042	31433.167	31651.802	31871.957	32093.644	32316.873

生：在14.94到14.95之间。

师：理论上我们可以不停地提高这个表格的精度，这里不再呈现。让我们将刚刚研究的问题归结出来。

生：已知$2^k=N$，在已知N的情况下，求k。

师：如果底数发生变化，我们能将问题再一般化一些吗？

生：已知 $a^b = N$，在 a,N 已知的情况下，求 b。

师：这是一个典型的"知二求一"问题。如果我们已知底数 a 和指数 b，如何求解幂 N？

生：幂运算。

师：已知指数 b 和幂 N，如何求解底数 a 呢？

生：开方运算。

师：开方太局限了，我们在指数函数中知道指数可以取一切实数，能否换个术语？

生：指数运算。

师：那仅剩已知底数 a 和幂 N，求指数 b 的问题。似乎以我们目前的能力，没有办法解决。但类比上面研究问题的结果，你们认为应该如何解决？

生：引入一种新的运算。

师：引入一种新的运算，就必须具备合理性，至少有两个数才能运算，这里有吗？

生：底数和幂。

师：运算就会有运算的结果，这个结果首先得存在，请问这样的指数 b 存在吗？

生：存在。

师：看似显然，实则必然，能将背后的原因说清楚吗？

生：指数函数 $f(x) = a^x$ 的值域为 $(0,+\infty)$，所以对于任意一个大于 0 的 N，必然存在 $b \in \mathbf{R}$ 使得 $f(b) = a^b = N$。

设计意图：对于函数值域的理解在这里突显了出来，对于值域范围内的任意一个数，至少存在一个定义域内的数与之对应，展现了对应思想。

师：运算结果不仅要存在，还要唯一，这里的指数 b 唯一吗？

生：唯一，因为指数函数 $f(x) = a^x$ 在 $\mathbf{R}$ 上具有单调性。

师：看来这个新运算呼之欲出，在这之前我们给它一个名字。无论是在表格中找寻对应的值，还是在说明这个运算结果的存在性，无不体现了对应的数学思想，不如就给它一个体现这种思想的名字？

生：对应运算。

运算	开方运算	指数运算	对数运算
合理性	指数与幂	底数与指数	底数与幂
存在性	存在（规定指数为有理数）	存在（逼近极限思想）	存在（对应思想）
唯一性	规定取正	有且只有一个	有且只有一个

设计意图：通过类比开方运算和指数运算，说明对数运算作为一种新运算有必要并且有资格被引入，同时利用学生已经学习过的两种运算作为蓝本进行参照。

师：类比指数运算，我们命名其为对数运算。一般地，如果 $a\,(a>0,a\neq 1)$ 的 b 次幂等于 N，即 $a^b=N$，那么数 b 叫做以 a 为底 N 的对数 (logarithm)，记作 $\log_a N=b$，其中 a 叫做对数的底数 (base)，N 叫做真数 (antilogarithm)。这里我们重点关注底数 a，由于我们之前用到了指数函数的性质，所以底数的范围也自然和指数函数底数的范围相同。我们将符号 $\log_a N$ 用四线三格进行规范书写。

$$\log_a N$$

师：符号 $\log_a N$ 读作"以 a 为底 N 的对数"，一定有同学在想为什么不用英语的读法，那不是显得更加简明扼要吗？那就请你用英语的读法来读一读下面两个式子。

$$\log_2 14 \text{ 和 } \log_{20} 4$$

师：特别注意符号 log 不能单独出现，这是一个运算符号，就像 ＋，－，×，÷，$\sqrt[2]{\ }$ 运算符等，都需要依托于运算的对象。当然 $\log_a N$ 作为运算，既可以看成运算式，也可以看成运算的结果。

设计意图：一个新的符号需要研究其写法、读法和用法，保持数学的严谨性和规范性，在读法上的小插曲也证明了数学符号才是数学中唯一沟通的桥梁。

（三）品味历史

师：在研究过程中，我们发现指数运算与对数运算之间有着千丝万缕的关系，我们从符号，式子，代数（代入思想）三个角度进行对比。首先我们来看一下符号在两种运算下的名称和范围，名称发生了一些变化，但是范围没有变化，因为对数运算其实就是指数运算的逆运算，是由其演变而来的。

$$\begin{array}{c} \text{指数} \quad b \in \mathbf{R} \quad \text{对数} \\ \text{幂} \quad N > 0 \quad \text{真数} \\ a^b = N \qquad \log_a N = b \\ a > 0, a \neq 1 \\ \text{底数} \end{array}$$

师：我们给出一些具体的式子，来对比一下两个式子，同时慢慢习惯指数式和对数式的互相转化。

指数式	对数式
$a^b = N$	$\log_a N = b$
$3^2 = 9$	$\log_3 9 = 2$
$10^{-2} = \dfrac{1}{100}$	$\lg \dfrac{1}{100} = -2$
$a^0 = 1$	$\log_a 1 = 0$
$a^1 = a$	$\log_a a = 1$

师：这里我们用到了以 10 为底的对数。细心的同学会发现，Casio 计算器专门为 10 的指数幂预留了一个按键，说明 10 很重要，因为我们活在十进制的世界中。我们通常将以 10 为底的对数叫做常用对数 (common logarithms)，为了简便，N 的常用对数 $\log_{10} N$ 简记作 $\lg N$。在科学和工程中，无理数 e 也十分常见。我们称以无理数为底的对数叫做自然对数 (natural logarithms)，N 的自然对数 $\log_e N$ 简记作 $\ln N$，即 logarithm 和 nature 的结合！当然，代数绝对不能少了代入思想，同学们有什么发现和结论吗？

生：$a^{\log_a N} = N$，$b = \log_a a^b$。

师：两个非常漂亮的恒等式，从定义的角度很快就能证明，能不能说明这两个式子达到了运算上的什么效果呢？

生：$a^{\log_a N}$ 实现了将任何一个大于0的数化成同底指数幂的效果，即"化同"的效果，$b = \log_a a^b$ 则实现了"化简"的效果。

设计意图：通过指数式与对数式的互化，感受指数运算与对数运算互为逆运算，同时通过代数中"代入"的思想方法展现数学中的变化与不变。

师：同学们熟练地掌握了指数式与对数式的互相转化，但是不要忘记习总书记的教诲：勿忘初心。还记得我们引入对数时的目的吗？为了解决大数运算的问题，下面就看同学们有没有能力解决一下2017年北京市高考选择第8题：

根据有关资料，围棋状态空间复杂度的上限 M 约为 3^{361}，而可观测宇宙中普通物质的原子总数 N 约为 10^{80}，则下列各数中与 $\dfrac{M}{N}$ 最接近的是（　　）（$\lg 3 \approx 0.48$）

（A）10^{33}　（B）10^{53}　（C）10^{73}　（D）10^{93}

师：本题的目标是将 3^{361} 写成的指数幂的形式，若 $3^{361} = 10^k$，则 $k = \lg 3^{361}$。可惜大家发现 Casio 计算器无法计算出 $\lg 3^{361}$ 的数值。3^{361} 太大了，超出了 Casio 计算器的计算量程，有没有什么运算也能"让大变小"呢？

生：开方运算，$3^{361} = 10^k$ 可以化成 $3 = 10^{\frac{k}{361}}$，故可得 $\dfrac{k}{361} = \lg 3$，即 $k = 361 \cdot \lg 3$。此时就能计算出其数值了，答案选 D。

设计意图：问题解决的关键是"将大变小"，将指数运算与对数运算一起灵活运用，方见成效，同时也体现了数学思维远比计算器强大得多。

（四）超越历史

师：永远不要忘了，对数的发明本质上就是为了解决大数运算，具有很强的现实意义。你知道对数在生活中的具体应用吗？其实就在你们身边。地理中，地震的震级是用对数计算的，即 $\lg N_c = a_c - b_c M$。化学中，酸碱度 pH 值是用对数进行计算的，即 $pH = -\lg[H^+]$。数学中，估算一个数有几位数也是用对数计算的，比如 3^{361} 有 $[\lg 3^{361}] + 1$ 位。这一切的一切都向我们证明了一件事情，数学来源于生活。

师：我们今天学习了对数的概念，了解了一个新的运算诞生时其背后的科学性和数学性，看似偶然其实必然，常用对数和自然对数则体现了数学的简洁美。然而，你真的认为你已经真正认识了对数，掌握了纳皮尔的数学思想吗？

我想问，为什么真数被命名为"真数"，请大家讨论一下！

生："真数"是很真实的数！

生：因为我们最终的目的是幂的运算，求出的对数进行运算只是一种媒介，即"假数"的运算，而幂的运算才是真正的运算，所以在这里被称为"真数"。

师：这恰恰体现了对数将大变小，将复杂变简单，将数学变成生活的真谛，不是吗？

设计意图：李善兰将 antilogarithm 翻译成"真数"引入中国，翻译之奥妙着实令人惊叹，一个"真"字将背后深刻的数学原理展现得淋漓尽致，说文解字是对历史的尊重，更是对数学的敬畏。

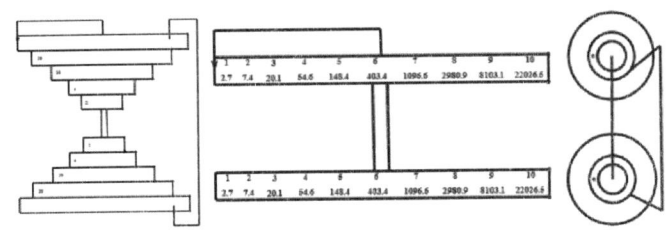

师：但是，当纳皮尔花了整整 20 年发明的"对数表"和"对数尺"在高科技面前显得一文不值时，千万别忘了在当时却拯救了无数心灰意冷的天文学家和航海家。今时今日，当"对数表"不再出版，当"对数尺"不再生产时，变化的是外在的表象，但内在的数学思想却是永恒不变的。我们班的一位同学自己根据对数计算的原理设计了一把多功能便携式携带的对数尺，下面是它的设计图，未来准备实现 3D 打印，她很好地将数学与艺术、生活结合在一起。此处应该有掌声！

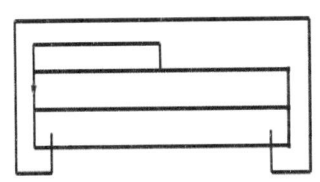

师：数学来源于生活，更高于生活，因为我们用数学创造生活！

设计意图：感受对数在实际生活中的应用，承认"对数表"和"对数尺"

已经成为一种历史，但需要延续的是对数的思想，从生活中提炼数学，再用数学指导生活的感悟。

四、小　结

整节课给人的第一印象是其底蕴深厚的人文气息，但文化中又不乏数学的"味道"，准确地来说便是对数的思想和精神。

（一）史料运用

对数的诞生可谓是数学史中举足轻重的一段过程，布里格斯和纳皮尔的经典故事也一直被后人所津津乐道。华东师范大学博士生导师汪晓勤教授在其著作《中学数学中的数学史》中将对数发展的来龙去脉和其背后艰辛与不易展现得淋漓尽致。对数的史料不计其数，其背后深刻的教育意义和价值是推动学生数学核心素养发展不可或缺的一环。

历史的发展有偶然，但更有其必然。然而在课堂中，完整地还原历史对学生来说未必是效果最好的。漫长的对数发展史中，我关注到的不仅仅是对数的诞生，是布里格斯和纳皮尔的对数表，而是最终解决了大数运算的问题，延长了许多天文学家的寿命。本堂课围绕着解决大数运算的问题重塑历史，创造了对数的发现过程、发生过程和发展过程，让学生有一种身临其境的感觉，仿佛自己就是大数学家纳皮尔，一步一步探索，最终发明了对数，并且有幸能够看见今时今日对数的广泛应用。

在关于讨论"真数"名称的由来之时，达到了整堂课的高潮。学生一句不经意间的"假数"恰恰和一开始对数引入中国时的翻译不谋而合。"假数"与"真数"相对，只不过随着时间的流逝，"假数"渐不使用，但一个"真数"足以将对数的思想浓缩，让学生回味无穷。

（二）问题驱动

教师不是课堂的主导，问题才是，STEAM 教育便是最好的印证。数学史为我们提供了一个非常好的资源——问题。《高中数学课程标准》要求学生能够在数学课程的学习中提出问题、发现问题、分析问题和解决问题，数学史的适当加入使得这个过程更为自然，二者相得益彰，真正将教师主导的课堂变成问题驱动的课堂。

学生可以通过感受历史的方式发现问题。大数的运算在十五六世纪困扰着以第谷为首的一批天文学家，然而今时今日仍然困扰着没有学过对数的学生们，因为即使是被视为掌中宝的 Casio 计算器也无法完美解决需求。

学生可以通过演绎历史的方式提出问题。一个简单的速算游戏让学生演绎纳皮尔对数表中的对应思想，并从中归纳出一个一般化的问题。

学生可以通过品味历史的方式分析问题。借助具体的实例，在指数式与对数式的分析与转化中感受指数运算与对数运算互为逆运算的本质。

学生可以通过超越历史的方式解决问题。生活中的"对数"和对于"真数"命名的解读阐释了对数引入的必要性，展现对数的意义和价值，而学生自己创作的"对数尺"则是对历史的一种传承，更是一种超越。

（三）数学运算

在科技快速发达的今天，计算器的使用一度被误认为很大程度上削弱了学生数学运算的核心素养，其实不然。技术的使用不仅加快了问题解决的进程，也从侧面体现了其背后数学原理和思想的指导性作用。

本堂课在运算上重点培养了学生将对数式和指数式进行互相转化的能力，使得学生对于对数的概念有了多角度的认知，也让学生更为深刻地感受到对数运算和指数运算互为逆运算，然而这一点是技术所无法达成和实现的。

Casio 计算器确实可以解决大数的乘除问题和对数的计算问题，本堂课中也鼓励学生使用技术解决问题，包括 Excel 等。然而当学生面临技术也无法解决的问题时，才会让学生更加意识到数学本质思想的重要性，意识到技术背后其实也是由数学原理所支撑，

数学运算的核心素养绝不仅仅局限于运算的法则、过程和结果，还应该囊括运算的意义、体系和应用，乃至是运算背后的思想和解决的问题。数学运算的核心素养就在整堂课的不断碰撞中悄然间孕育了：历史与现实的碰撞，技术

与思想的碰撞，英语与中文的碰撞，指数与对数的碰撞，复杂与简单的碰撞，最终落到了"真"与"假"的碰撞，"大"与"小"的碰撞。通过重塑历史产生碰撞，通过回归现实感受真谛，使得学生从被动的接受变为主动的享受，因为学生对于对数运算有了一种特殊的情感，或许是一份好感，或许是一份敬畏感，又或许是一份崇拜感。当一个学生乐于去运算时，或许才是真正浸润了其数学的思想，发自内心的将数学运算变成自己的一种技能，一种素养。

（四）精神传承

华罗庚曾说过："一个人的生命是有限的、短促的，如果我们要把短短的生活过程使用得更有效力，我们最好是把自己的生命看成是前人生命的延续，是现在共同生命的一部分，同时也是后人生命的开端。"

让人印象深刻的是，刚下课时，学生的脸上有一种说不出的神情，像是在回味些什么。或许是数学的历史震撼到了他们，或许是数学的魅力感染到了他们，又或许是数学的精神延续到了他们。每个人似乎有一种使命感，像纳皮尔一样用数学的视角，用自己的方式去改变这个世界。或许终究有一天，曾经的那份辉煌会被历史所淹没，但它还是会出现在课本中，出现在计算器里，只是换了一个名字叫"对数"，但纳皮尔的思想永远不会被淹没。

时代在发展，科技在变革，过了时的东西会被淘汰，但那沉淀在历史长河和现实生活中熠熠生辉的数学思想和人文精神，是每一堂课，每一个时代，每一个人所需要传承的，那远比学习数学知识本身重要得多，这便是数学史的意义和价值所在。

参考文献

[1] 汪晓勤，韩祥临. 中学数学中的数学史 [M]. 北京：科学出版社，2002:95-109.
[2] 汪晓勤. HPM：数学史与数学教育 [M]. 科学出版社，2017:449-455.
[3] 金惠萍，王芳. HPM 视角下的对数概念教学 [J]. 教育研究与评论：中学教育教学，2014(9):28-34.

以学生为主体的探究式课堂教学
——《指数函数的图像与性质》课例研究

□ 陈羿男

摘要：《指数函数的图像与性质》这一节内容包括指数函数的概念、指数函数的图像与性质及其简单应用。作为重要的基本初等函数之一，对指数函数图像与性质的学习可以进一步深化学生对函数概念及性质的理解，得到较系统的函数知识和研究函数的方法，也为今后研究其他函数打下坚实基础。此外，指数函数是现实生活中出现得较多的函数，与生活实际有着紧密的联系，因此学习这部分知识还有着广泛的现实意义。本节课从具体实例出发抽象概括出指数函数的概念，并对概念进行辨析，启发学生运用数形结合、分类讨论的数学思想，画出指数函数的图像，进而研究指数函数的性质。在教学过程中，引导学生主动观察与思考，自主探索、合作交流来完成本节课的教学，充分体现以学生为主体的课堂教学氛围。最后，通过例题让学生体验指数函数性质的简单应用，建立函数思想，学会用函数的观点分析问题和解决问题。通过本节课的学习，学生不仅学到了数学知识，也获得研究函数的一般方法。

关键词：抽象概括 数形结合 分类讨论 函数思想 自主探索 合作交流 学生为主体

一、研究背景

《指数函数的图像与性质》是上海教育出版社高中数学高一第一学期第四章第二节《指数函数》第一课时内容，是在学生系统地学习了函数的概念与基本性质，幂函数的性质与图像以及掌握了指数幂的运算性质的基础上进一步展开的研究。作为重要的基本初等函数之一，对指数函数图像与性质的学习可以进一步深化学生对函数概念及性质的理解与认识，使学生得到较系统的函数知识和研究函数的方法，也为今后研究对数函数、三角函数以及等比数列的性质等打下坚实的基础。因此，本节课的内容十分重要，它对知识起到了承上启下的作用。

此外，指数函数是现实生活中出现得较多的一类函数，与日常生产、生活和科学研究有着紧密的联系，尤其体现在细胞分裂、贷款利率的计算和考古中的年代测算等方面，因此学习这部分知识还有着广泛的现实意义。本节内容的特点是：概念性强，彰显了函数图像在研究函数性质时的重要作用。

二、简要教学设计

我希望学生通过本节课的学习，能初步理解并简单应用指数函数的概念、图像和性质，更期望学生能掌握研究初等函数图像性质的一般思路和方法，为今后研究其他函数做好准备，注意思维训练和能力培养。在本节课中，本着"教师为主导，学生为主体"的原则，我将启发诱导和合作探究相结合，引导学生主动观察与思考，自主探索、合作交流来完成本节课的教学。主要通过以下几个方面展开教学：

（一）创设情景，导入新课

教学过程引用折纸问题，这个引例对学生而言:（1）便于动手操作与观察。（2）贴近学生的生活实际。充分调动学生的学习兴趣，顺利引入课题。写出函数关系式的同时引导学生关注定义域。并且这两个例子又恰好为研究指数函数中底数大于1和底数大于0小于1的图像做准备。

（二）探求新知，辨析概念

引导学生结合具体的指数函数形式，抽象归纳出指数函数的概念，并向学生指出指数函数的形式特点。在给出指数函数概念的基础上，设置例题让学生对指数函数的形式进行辨析，明确指数函数的概念与一次、二次函数的概念一样都是形式定义。

（三）深入探究图像，加深理解性质

在建立了指数函数概念之后，引导学生研究指数函数的性质。通过不断设问，使学生联想到借助图像观察得出性质。在画图过程中，选取几个具体的指数函数，让学生亲自操作，体验描点作图法。

通过观察两组具体的指数函数图像，引导学生总结得出 $a>1$ 和 $0<a<1$ 时函数图像的差异，并利用几何画板，动态研究底数 a 不同（连续变化）的取值对指数函数图像的影响，让学生更直观、深刻地感受指数函数的变化特征，进而归纳出指数函数的一般性质，深化学生分类讨论，数形结合，从特殊到一般的思维方法，帮助学生以形象思维作为抽象思维的支撑。

学生观察图像，是对图形语言的理解。根据图像描述性质，是将图形语言转化为符号或文字语言。对函数的理解，是建立在三种语言相互转化的基础上的。

（四）应用新知，落实掌握

比较两个数的大小是指数函数性质的简单应用。构造函数，通过函数图像直观判断两个值的大小，但要引导学生：图像只能帮助我们直观判断结论的正确性，而要通过严格的数学推导证明结论，学习解题的规范步骤。此例题的解答可帮助学生对指数函数的图像及性质有进一步的理解和掌握，建立函数思想，学会用函数的观点分析问题和解决问题。

（五）小结归纳，知识升华

引导学生对指数函数的知识进行梳理。让学生在小结中明确本节课的学习内容，强化本节课的学习重点，并为后续学习打下基础。

主要内容可概括为：一个概念、两种图像、三条性质、四个步骤。同时也让学生对研究函数的基本方法有了一定的认识。先辨析概念，再通过函数图像

研究函数的性质，进而掌握函数在数学问题或实际生活中的应用。学生不仅学到了数学知识，也初步体验了研究问题的基本方法。本节课也蕴含了从特殊到一般的抽象概括、数形结合、分类讨论以及函数思想，引导学生用函数的观点分析问题和解决问题。

（六）注意数学与生活实际的联系

在最后的知识延展部分，介绍与指数函数息息相关的生活问题，使学生了解到数学的基础学科作用，培养学生的数学应用意识。

三、课堂实录与反思

教学过程中关键环节的处理：

1. 从具体实例出发抽象概括出指数函数的概念，在概念辨析时，学生容易发生错误的关键点，请学生来回答，当学生对答案持犹豫态度时，请其他同学予以评价，真正体现了学生的主体地位，也让学生在思维碰撞中得出正确解答。在给出指数函数的形式定义（$y = a^x$（$a > 0$ 且 $a \neq 1$））之后，请学生思考指数 x 的取值范围，以及为了使 x 可以在实数范围内取值，对于底数 a 的范围需要限制，并反问学生，如不限制会出现什么问题。进而对概念有了更深入的理解。

2. 在建立了指数函数的概念之后，通过层层递进的设问，一开始设问的问题较宽泛，所以我渐渐缩小问题范围（如何研究指数函数的性质？以及研究指数函数的哪些性质？），逐步引导学生明确探索的目标（函数的性质）、方法（数形结合）和途径（选择数据——画出图像——观察特征——归纳性质）。遵循学生的认知规律，体现以学生为本，让学生自主探索，真正体验研究函数性质的思维过程。在这一环节中，充分渗透数形结合的思想，培养学生有序进行观察和归纳的良好的思维习惯，学生不仅学到了数学知识，也初步体验了研究问题的基本方法。并让学生意识到：学习的过程就是一个不断提出问题、解决问题的过程，提出问题比解决问题更重要，给学生提供由自己提出问题、确定研究方法的机会，逐渐学会研究问题，促进能力发展。这种教学流程对于发展学生的核心素养有着非常重要的促进作用。

3. 从几个具体的函数出发，让学生自己体验描点画图的过程，也请同学在黑板上绘制函数图像。在评价学生的作图结果时，有意识地引导学生关注作图的规范性。由于描点作图时列举点个数的限制，学生对 x 趋于 ∞ 时函数图像特征缺乏直观感受，因此，我利用几何画板动态演示描点法作指数函数图像的过程。从课堂效果来看，利用几何画板教学，更加自然生动，快速有效，形象直观。也充分调动了学生的参与性与主动性，提高了课堂效率。

4. 在教学过程中，留有充裕的时间和空间，让学生自主探究，通过学生间的讨论交流，相互评价及运用几何画板的动态演示等手段，猜想、归纳一般指数函数的图像特征与性质，经历从特殊到一般、具体到抽象的过程。对所归纳的指数函数性质的猜想进行适当的证明或合理的说明，合情推理与演绎推理相结合。使学生对所学知识，由具体到抽象，从感性认识上升到理性认识。交流讨论的过程不仅有利于知识的掌握，而且有利于激发学生相互学习的能力，培养同学们的互助合作精神。在此环节中，有学生观察出了底数大小对图像位置的影响，说明学生的思维不局限于某一类型的函数，更着眼于不同函数之间的关系，这种探索精神值得鼓励。

5. 通过例题让学生体验指数函数性质的简单应用，建立函数思想，学会用函数的观点分析问题和解决问题。

6. 将教学评价贯穿于本节课的每个教学环节。例如：情景导入的表达式评价、得出指数函数概念的归纳评价、作图时的准确性评价、解题时的规范性评价、小结时的表述性评价等。在问题提出的过程中通过"你是怎么想的？""你同意他的意见吗？为什么？"等问话形式，层层递进地引导学生展开思考。在学生交流、讨论、探究等环节注意启发学生进行互评，通过表扬鼓励引导等多种评价方式让更多学生获得学习的自信，在轻松融洽的课堂评价氛围中完成本节课的教学和学习任务。

7. 在学生理解了指数函数的性质之后，可以请学生回过头来思考为何指数函数的形式定义中有对底数 $a>0$ 且 $a \neq 1$ 的规定，可以这样理解，如果 $a=1$，那么指数函数性质中非奇非偶性以及单调性都会被破坏，为了保证指数函数性质的纯粹性，规定指数函数的底数 $a>0$ 且 $a \neq 1$。

四、研究结论

本课的整体设计分为两大过程：一是概念的引入、定义的辨析，是由特殊到一般的过程；二是学生亲自作图与动画演示相结合得出函数的图像，在观察、探索、交流、抽象概括出函数的性质，并对性质进行运用。

两个过程的关键是通过对概念的剖析、辨析，揭示概念的内涵和外延，通过对图像的观察、探索、交流、抽象、概括，认识指数函数性质的本质，是运用数形结合思想探索一般规律的过程。

这两个过程着重培养学生的思维能力，学习数学概念和数学性质的方法和能力，提高学生学习数学的兴趣，养成良好的学习习惯，形成勇于探索、不断创新的品格，提高学生的综合素质。

参考文献

[1] 陶友根. 让学生获得基本活动经验的教学设计策略——以《指数函数及其性质（一）》为例 [J]. 数学教学通讯，2017(10):5-7.

[2] 汤文卿. 新课标理念下的中学数学教学 [J]. 中学数学教育，2004(3):13-14.

[3] 陶维林. 几何画板实用范例教程 [M]. 北京：清华大学出版社，2011:32-38.

以"核心问题"引领数学课堂教学

——《过定点的直线与双曲线位置关系的初探》课例研究

□ 何正华

摘要：为了培养学生的核心素养，为了让课堂洋溢智慧情感、衍生智慧智能、彰显智慧文化，建平中学聚焦"基于问题、基于情境、高效互动、高阶思维、富有人文"的智慧课堂。对于数学学科而言，问题是数学的心脏。要实现课堂高效，培养学生高阶思维，课堂问题的设计尤为关键。以问题引领数学课堂就是设计一串逻辑关联的问题链展示知识发生过程中的思维价值，利用问题链让学生得到更全面的发展，从而完成数学课程独特的育人价值。问题链要有生成性，开放性和价值性，设计要围绕核心问题，突出学生主体。

关键词：核心素养 基于问题 教学反思

一、研究背景

所谓"问题引领课堂"，就是根据教学目标，围绕核心问题（思想或思维模式），设计若干有逻辑关联（如按照认知发展顺序等）、有层次梯度的子问题，组成"问题链"，作为教学活动的主要出发点和课堂互动的关键材料。以问题链为主要形式的课堂教学，不仅可以落实数学课程的培养目标，体现数学课程独特的育人价值，更能够在连续的系列问题中，让学生的思维得到有效的发展。很多人认为满堂提问就是"问题引领课堂"，其实不然。当前的数学课堂教学中，随处可见无思维含量的无效问题、琐碎无关联的低效问题等，这些问题没有提纲挈领地反映数学概念、原理的形成过程和学生思维、能力的发展脉络，反而令学生的思维表面化、碎片化。只有围绕教学目标，精心设计体现思维价值的问题链，才能让学生的思维得到有效的发展。

二、简要教学设计

（一）教学目标及重难点

【教学目标】

1. 知道直线与双曲线的位置关系；
2. 初步学会用几何方法判断、代数方法研究过定点的直线与双曲线公共点的个数问题；
3. 体会等价转化、数形结合以及从特殊到一般的思想。

【教学重点】

利用代数方法解决过定点直线和双曲线的位置关系。

【教学难点】

数形结合思想在解题中的应用。

（二）教学内容及学情分析

直线和圆锥曲线的位置关系是解析几何教学中的一个重要内容。其中，直线和双曲线的位置关系是相对比较复杂的，一些学生对直线与双曲线的公共点个数认识模糊，认为可能有四个交点、三个交点等；过定点的直线与双曲线公共点的问题有两类研究方法：一是代数法，联立方程，消元，研究判别式的符号；二是几何法，通过数形结合，抓住直线与双曲线仅有一个公共点（其中一种是与渐近线平行）的临界状态，通过旋转直线可得结果。若单纯从代数角度的角度讲，由于缺乏感性认识，学生理解、接受有一定的困难。所以我在推导结论的基础上，利用《几何画板》演示，让学生在探究的过程中，领会到利用数形结合解决问题的美妙。

（三）教学过程

复习引入：

	双曲线的标准方程	顶点	渐近线
焦点在轴上	$\dfrac{x^2}{a^2}-\dfrac{y^2}{b^2}=1(a>0,b>0)$	$A_1(-a,0),A_2(a,0)$	$y=\pm\dfrac{b}{a}x$
焦点在轴上	$\dfrac{y^2}{a^2}-\dfrac{x^2}{b^2}=1(a>0,b>0)$	$B_1(0,-a),B_2(0,a)$	$y=\pm\dfrac{a}{b}x$

师：直线与圆锥曲线的位置关系是解析几何中非常重要的一个内容，前面我们研究了直线和圆、直线和椭圆的位置关系，接下去我们研究直线和双曲线的位置关系。直线是可以动的，可以做平移变化，也可以做旋转变化，也可以既平移又旋转，这种比较复杂暂不研究，这节课我们研究其中一种过定点的直线。

【探究活动1】

让学生作图去猜想直线和双曲线公共点个数的可能情况（学生交流和讨论）。

师：通过几何画板演示，作进一步观察。

（几何画板示例：双曲线：$\dfrac{x^2}{16}-\dfrac{y^2}{9}=1$，直线过定点 $(0,3)$，$(5,0)$）

例1.已知双曲线 C：$x^2-\dfrac{y^2}{4}=1$，直线 l 过定点 $(0,2)$，试讨论直线 l 与双曲线 C 的公共点个数。

小结：（1）定量的研究过定点的直线和双曲线的位置关系可以用代数法；

（2）直线与双曲线的公共点个数问题等价于方程组解的个数问题；

（3）直线与二次曲线最多有两个公共点；

（4）关注直线与双曲线有一个公共点的情况，和圆（椭圆）的不同。

变式1：若直线 $y=kx+2$ 与双曲线 $x^2-\dfrac{y^2}{4}=1$ 左支有两个公共点，求实数 k 的取值范围。

变式2：若直线 $y=kx+2$ 与双曲线 $x^2-\dfrac{y^2}{4}=1$ 右支有两个公共点，求实数 k 的取值范围。

变式3：若直线 $y=kx+2$ 与双曲线 $x^2-\dfrac{y^2}{4}=1$ 两支有两个公共点，求实

数 k 的取值范围。

（分析解题思路，列出方程组，根据两根正负问题利用韦达定理，具体解答由学生完成）

小结：（1）利用判别式和韦达定理研究直线与双曲线有两个公共点的问题；

（2）从几何角度分析该题，通过数形结合让学生对该类型的题目有更深刻的理解。

【探究活动2】

已知双曲线 $\dfrac{x^2}{a^2}-\dfrac{y^2}{b^2}=1$，过点 $P(m,n)$ 与双曲线只有一个公共点的直线有几条？完成下表：

点P的位置	双曲线上	含焦点的区域	不含焦点的区域		
			除渐近线及原点	在渐近线上	在原点
直线条数	三条	两条	四条	两条	不存在

课堂小结：

本节课渗透着方程思想与数形结合的思想，一方面将图形问题转化成代数问题，可以得到严谨的结论，另一方面有了数后又可以回归到形，将问题直观化．这种"数"和"形"的转化，可以拓宽解题思路，也为我们今后研究和探索其他直曲关系问题提供了非常好的一种思路。

课后作业：有效作业12.6（2）

三、课堂实录与反思

基于问题，设问是关键，要向学生呈现有价值的问题。这些问题是原汁原味的，在现实情况下就是这么出现的，学生在实际中就是这么接触到的。在设问的时候我觉得要注意以下几点：

1.设问的可接受性和有效性。要基于学情，设置难易适度的问题。

2. 设问的层次性。设问应该配合教学目标，按照主次先后依次提出问题。由于学生学习能力的差异性，还需设置不同水平的问题分层次引导学生思维能力的提高。

3. 设问的准确性。用词明确，问题的指向性明确，设计的问题不能太空泛，似是而非。

设问的角度。围绕教学的重点、难点来设问，针对学生"不易领会"的地方设问。

4. 问题的价值能否实现，最终取决于课堂的生成。所以在描述问题时，老师要让学生明确自己扮演的角色，让学生真正拥有问题，进入角色和状态。

以本节课的第一个问题为例"直线与双曲线公共点的个数可能有几个"。第一次试讲，还来不及提问，有学生已经给出了答案，看似进展的非常顺利，却没有体现出这个问题的价值。设问面对的是全体同学，在得到反馈后，我就结束了这个问题，没有给其他同学足够的思维时间。这与我一开始对学生在这个问题中承担的角色考虑不周有关，没有过多的去关注"我为什么要问这个问题"，学生通过这个问题除了知道一个结论外还能收获什么？所以第二次试讲，我留了更多思考的时间，请更多同学来分享观点。发现在这个问题上分歧是比较大的，有了认识冲突，学生就会主动从理论角度去论证自己的观点，这样子既让绝大多数人通过独立思考解决了第一个问题，又很自然的过渡到下一个问题，实现了问题探究的价值。通过前两次的试讲，发现学生对双曲线的图像和渐近线的认识还不够充分，所以第三次试讲我规定只能从图形角度对公共点的个数进行判断，并让持有不同观点的同学上黑板进行演示辩论，通过学生之间的交流让问题充分的暴露，培养学生理性思维、批判质疑的科学精神。到了正式上课，课堂的生成和我的预设还是有偏差，学生对于这个问题的回答出奇的一致，当我准备启用预备方案的时候，有两位同学提出了不同的观点。课后在和其他老师交流后发现了问题所在，因为这个班是最后上的，学生的学情已经发生了变化。这也提醒我以后再开课要注意问题的设置需要根据学情的不断变化而调整。

四、小　结

通过这次展示课，笔者对基于问题有了进一步的认识。陶行知先生说过："发明千千万，起点在一问；智者问得巧，愚者问得笨。"要生成智慧课堂，从培养"知识人"转为培养"智慧者"的一个必要条件是老师首先是要成为一名"智慧者"，要向学生呈现有价值的问题，刺激学生思维，调动学生学习积极性，培养学生的探究能力。教师不仅要成为教育工作的研究者，更要成为教育实践的艺术家。教师在智慧课堂上，能巧妙地创设情境，设计合理的教学悬念，热心鼓励学生质疑争辩，循循善诱学生深入开掘探究，以激发学生思维的动机，点燃学生思维的火花，实现师生间与生生间思维的互动，用一个智慧的生命去照亮一群智慧的生命，用此智慧的心灵去唤醒彼智慧的心灵。

参考文献

[1] 孙福明. 问题引领课堂：理解、实践与反思 [A]. 教育研究与评论：中学教育教学版，2014 (10) :22-27.

[2] 秦岭，庞彦福. 让课堂在美丽的"错误"中灵动起来 [J]. 中学数学. 2013(8):56-58.

[3] 郭士仁. 问题教学法在高中数学教学中的应用研究 [J]. 语数外学习 (高中版下旬). 2017(9):58.

高中英语科普文阅读课设计的探讨
——《Transforming Mars》磨课案例

□ 玄佳霖

摘要：随着时代的进步，科技类说明文越来越频繁地出现在英语课堂之中。由于该话题距离学生日常生活较远，如何有效阅读此类文章值得研究。笔者以牛津英语上海版高二第一学期第六单元《Transforming Mars》为例，试图将科技思维带入英语课堂，引导学生以科技话题为载体进行语言输出，同时提升学生的人文情怀。

关键词：科技思维 英语科普文教学 逻辑线索

一、研究背景

《Transforming Mars》是牛津英语上海版高二第一学期第六单元中的一篇课文。根据《全国高中英语课程标准》，英语八级目标要求学生能借助词典阅读题材较为广泛的科普文章和文学作品；能自主策划、组织和实施各种语言实践活动，例如：商讨和制订计划、报告实验和调查结果。能有效利用网络等多种教育资源获取和处理信息，并根据需要对所获得的信息进行整理、归纳和分析。本文是高中英语课文中比较有代表性的英语科普文。通过对于本文的教学，对学生理解科普文文本特征，提升科技人文素养有较大的帮助。

二、简要教学设计

（一）基本信息

1. 课程名称：Transforming Mars
2. 执教时间：2017 年 12 月 7 日
3. 执教地点：上海市建平中学
4. 执教班级：高二（4）班

（二）教材分析

从文本的内容来看，本课文主题是改造火星，属于说明文，主要介绍了科学家改造火星的梦想及具体计划。学生对于相关自然科学话题有一定的背景知识，但由于离学生实际生活较为遥远，需要在读前活动中设计活动来激发学生的学习兴趣和背景知识。

从文本的语言来看，存在着一些专有名词，如 interplanetary，Martian，greenhouse effect，expedition，spray，retain，convert 以及一些年份和温度的读法，干扰着学生的阅读。

从文本的结构来看，本文从计划的简要介绍和计划实施步骤两方面展开，其中第二部分依照时间顺序展开，但其中蕴含着 "Problems, Proposal, Measures, Effects, Conclusion" 的逻辑顺序，需要从这两条线索入手，帮助学生理解文本。

（三）学情分析

本班学生是高二年级的一个平行班，课堂注意力较为集中，与教师配合度较高，如果给予充分时间思考，能够给出比较有质量的回答。大多数学生具备了把握文章结构的能力、在上下文语境中猜测生词的能力。一部分同学具有较强的概括表达能力。

（四）教学目标分析

本堂课的教学目标定位于语篇大意的理解。教学目标如下：By the end

of this class, students are expected to understand the possibility of transforming Mars by skimming and scanning（通过阅读理解"改造火星"计划的可能性）; to grasp the meaning of some new words（掌握一些新单词）; to express their understanding of transforming Mars（表达自己对于"改造火星"的理解）。

三、课堂实录与反思

改动前	改动后
1. 通过分析奥巴马演讲全文导入主题。 2. 引导学生设想改造火星可能遇到的问题。 3. 引导学生根据问题，寻找语篇中的信息以解决这些问题。 4. 在阅读中，引导学生清除生词障碍。 5. 组织学生讨论如何改造地球，使其更适宜居住。 6. 课后搜索相关信息，口头介绍相关计划。	1. 通过奥巴马演讲中的语句导入主题。 2. 引导学生设想改造火星可能遇到的问题，并设想解决科学问题的步骤，整理出逻辑线索。 3. 请学生阅读相关段落，根据逻辑线索完成相应任务。 4. 在阅读中，引导学生清除生词障碍。 5. 组织学生准备"新闻发布会"，谈论现有改造火星操作的漏洞及解决方案。 6. 课后搜索改造火星的信息，并从"Problems, Proposal, Measures, Effects, Conclusion"的逻辑顺序对计划进行口头介绍。

片段1——激活背景，确立线索

改动前	改动后
(An excerpt of a speech is shown.)	(A sentence of the speech is shown.)
 "We have set a clear goal vital to the next chapter of America's story in space: sending humans to Mars by the 2030s and returning them safely to Earth, with the ultimate ambition to one day remain there for an extended time. Getting to Mars will require continued cooperation between government and private innovators from nearly all 50 states, and we're already well on our way. Within the next two	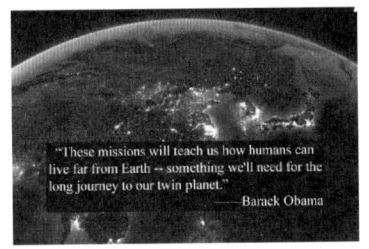 "These missions will teach us how humans can live far from Earth -- something we'll need for the long journey to our twin planet." T: Anyone can read the sentence aloud? (S1 reads the speech.) T: What does the "twin" mean? Which planet is the "twin" of the Earth?

（续表）

改动前	改动后
years, private companies will for the first time send astronauts to the International Space Station. These missions will teach us how humans can live far from Earth -- something we'll need for the long journey to Mars." T: What does the passage tell us? S1: Obama's dream of exploring space. T: Is it possible for people to reach mars? Is there any difficulty living on Mars? S1: It's hard to get there. It's hard to find favourable living conditions. T: What should be transformed on Mars? Let's skim paragraph 1-3 and learn about scientists' plan of "Transforming Mars."	S1: One planet which is similar to the Earth. Mars. They are similar in many ways such as size and gravity. T: According to Obama's speech, we are going to explore Mars in two steps. Step 1: astronauts will land on Mars. It is not a mission impossible, because we have sent several robots onto it. Step 2: we will live on Mars. This is a tough mission because so far Mars is a lifeless planet. In order to accomplish this task, scientists are making their huge plans. Today we are going to learn one of the plans. T: When we are thinking about a science project, usually we will follow some major steps. Tell me your major steps. S2: … （板书学生答案并投影答案。） 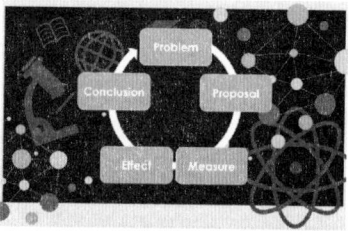 T: Look at the picture. Suppose we are going to live on Mars. Can you imagine the problems we will face?  Ss: water, fuel, land, temperature, cost, quality, oxygen, gravity（板书答案） T: You really did a good job! Scientists are now dealing with some of the problems. They are now making a plan of transforming Mars. Open your books and turn to P79.

【分析】

本文是一篇科普说明文，对于学生的背景知识有一定的要求。改动前，教师采用了直接引用文章的方式，试图向学生传递与教学主题相关的背景知识，激发学生的学习热情，降低科普文阅读的难度。然而，引入环节过于冗长，牵涉了过多的无关信息，占用了宝贵的课堂时间。此外，虽然教师针对材料设计了若干提问，却缺乏与后续环节的衔接，显得较为突兀呆板。

针对上述情况，改动后教师将课堂与学生日常的"科学课题设计"相联系，加入了分析"科学探究过程要素"的环节，将科学素养的培育融入英语课堂，同时为课文整理出了 "Problems, Proposal, Measures, Effects, Conclusion" 的逻辑顺序，为之后理解课文的活动作好了铺垫。同时，教师利用看图提问的方式，将现实生活中的科学探究情境融入到了课堂，引导学生根据有限信息对科学问题进行假设。在激发学生兴趣的同时，通过追问的方式，让学生在不断寻求答案的过程中了解火星的基本特征。在学生了解大致情况后，教师引入科学家的改造火星的设想。该活动既培养了英语阅读中对于文章内容的预测能力，又提升了学生的科学思考意识。对于单词"twin"含义的挖掘，不但锻炼了学生猜测词义的能力，更强调了地球与火星之间地紧密联系，为开展火星改造以及课文最后的主题升华打下基础。

片断2——按图索骥，挖掘细节

改动前	改动后
T: Today we are going to talk about "Transforming Mars". If you were the scientist, what would you transform on Mars? How to make it? S1: I would make more oxygen by planting more trees. S2: I would ... S3: I would ... （板书答案） T: Where does this passage come from? S4: A type of book or film that involves scientific dreams of the future. T: What's the major difference between science fiction and nonfiction?	T: Go through the whole passage very quickly. How many major parts can the passage be divided into? What are they about? S1: 1.The brief introduction of the plan 2.Some basic stages of the plan T: Read the first part and underline "the problems we are facing" and "the proposal we will make". S2: Problems: 1. no water; 2. low temperature; Proposal: use "greenhouse effect" to make Mars more like Earth.

（续表）

改动前	改动后
S4: (think for a while) Science fiction is based on imagination while nonfiction is based on facts. T: How many main parts can the passage be divided into? S5：Two. The brief introduction of transforming Mars and some basic stages. T: Read the first paragraph and tell me what the two stages are. S6：Land on Mars within 30 years and establish cities by 2185 T: However, imagination is based on exploration. Read the next two paragraphs and tell what the scientists have found on Mars. S7：solid water, temperature, length of a day; "greenhouse effect" T: Why do scientists want to introduce greenhouse effect on the Mars? Greenhouse effect does harm to the Earth. It is raising the temperature and melting the ice, which are torturing the Earth. However, greenhouse effect will apparently do good to transforming Mars. Let's focus on the five stages. S8：Construct, conduct, look for, check for; No, because there is no water, no oxygen and low temperature. We have to wear spacesuits. There is still a long way to go. What measures will be taken in stage two to transform Mars? What is going to happen? S9：Huge solar mirrors, black ice cap, chemicals. There will be more water and the temperature will rise. 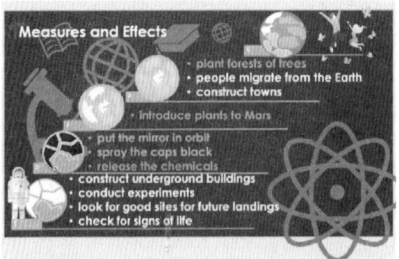	（板书答案） 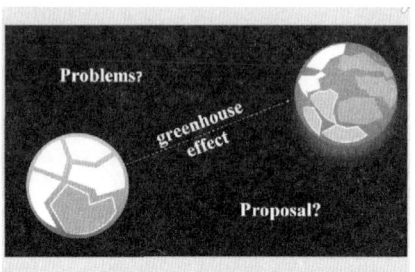 T: What bad consequences can "greenhouse effect" bring to us? S3: Heavy rain, flood, higher sea level. T: What about the greenhouse effect on Mars? Does it work well in stage 1? Let's read stage one carefully. T: What is the function of stage 1 in the whole mission? S4: To get ready for the further stages. T: What measures are they going to take? S4: Construct underground buildings; conduct experiments; look for good sites for future landings; check for signs of life. T: Which measure do you think is the most challenging one? S4: Check for signs of life. T: Why? S4: Because it may cause lots of trouble. Maybe we will find aliens on Mars. T: Is there any other problem in this part? S5: No oxygen. T: If you were the scientist, what would you do to get more oxygen? S5:...(thinking) T: It doesn't matter, because scientists always have great ideas, and they are always good at apply the theory into practice. Now please read the next 4 stages. When you are reading, underline the measures they are taking to deal with these specific problems on Mars.

（续表）

改动前	改动后
T: What is the relationship between greenhouse effect, cloud and sky? S: ... (thinking) T: You may look for the answer after class. T: What is the meaning of "retain more sun's heat"? S: Keep more heat. T: Let's move on to Stage 5. Who is the owner of Mars in stage 5? S5: Inhabitants. People live on Mars as their home. T: Who is this character in stage 1? S5: Expedition. T: What is an expedition? S5: A group of people who explore an unknown place. T: What can we learn from the difference? S5: The environment has become inhabitable. T: We have found the problems. We have make the proposals. We have taken measures and observed the effects. Now it's time to make a conclusion by using the information given. Try to fill in the blanks. S6: (Sharing her answer) 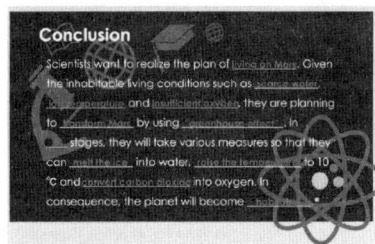 （幻灯片逐步展示）	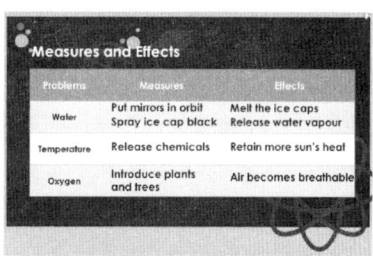 T: I made some pictures. Here are the Mars in the five stages. Each stage needs the efforts of the whole generation. After five stages of transforming, Mars finally become inhabitable. 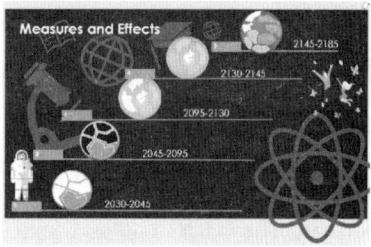 T: Who is the owner of Mars in stage 5? S5: Inhabitants. People live on Mars as their home. T: Who is this character in stage 1? S5: Expedition. T: What is an expedition? S5: A group of people who explore an unknown place. T: What can we learn from the difference? S5: The environment has become inhabitable. T: We have found the problems. We have make the proposals. We have taken measures and observed the effects. Now it's time to make a conclusion by using the information given. S6: (Sharing her answer) 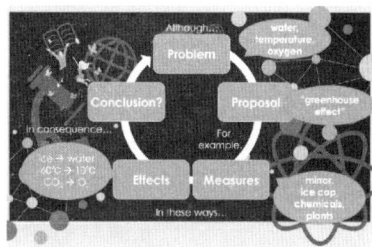 （幻灯片逐步展示）

【分析】

读中活动围绕"Problems-Proposal-Measures-Effects-Conclusion"的逻辑顺序展开。

活动的设计需要与教学目标相一致。众所周知，对于文章出处的猜测一直是英语阅读的必备素养之一。在第一稿中，教师在文章理解的过程中加入了这方面的设计，并希望帮助学生了解科幻小说的特性，即"科幻小说是建立在想象之上的"，进而带着审视的目光阅读文章。试讲过程中，虽然通过教师的反复启发和提示，学生最终理解了"想象"的概念，但过程比较艰辛。在磨课的过程中，发现需要进一步解释"想象"的定义，如果深入剖析这些理论知识，与教学目标不一致，而且会占用大量的课堂时间，压缩学生阅读文本的时间精力，同时课堂会变得较为枯燥。权衡之后，决定放弃对于文章题材和体裁的分析解读，转而从分析科学问题的角度出发，引导学生有条理地分析文章内容。同样，课文中云朵的出现、天空的颜色，这些细节都印证了温室效应在火星上开始显现。但同样由于相关知识过于专业，教师删除了这部分的设计。

英语课堂应当为学生创设尽可能多的表达机会。以引出文本中Proposal（设想）"greenhouse effect（温室效应）"的过程为例，在第一版中，教师将温室效应对于地球环境的破坏作为背景知识介绍给学生。这样做一来重复了学生已知的背景知识，二来无形中剥夺了学生思考与表达的机会。因此，教师将这一环节改为问答的形式，引导学生解决Proposal的环节，自然过渡到更加具体的Measures（措施）过程中去。

教师应当为学生的表达创设脚手架。在Conclusion（总结）阶段，教师将学生复述课文作为读中阶段的回顾。在改动前，教师设计学生以填空的形式完成对课文的总结，但由于提示不够，学生十分勉强地完成了活动。经过修改，教师再次展示贯穿课堂的逻辑链条，并附上了一些关键信息与逻辑连词，引导学生在规定的框架内对课文进行总结回顾。

将一些专业词汇与普通词汇进行比较，能挖掘出深层信息。例如，在修改后，活动中加入了对expedition（探险队）与people（人民）两个词汇的比较。学生只有明白expedition所具有的开拓性之后，才能明白改变火星计划的前期充满着危险与挑战，进而在情感态度方面有所提升。

另外，教师的指令也变得更加精炼、清晰，这样不但可以保障课堂活动的顺利进行，促进学生不断地思考，而且还能为学生提供语言正确使用的示范。

片断 3——思想碰撞，情感迸发

改动前	修改后
Read the additional reading again. What can we benefit by developing "transforming Mars" as a scientific project? cultivate essential characters; technological advances; keeping on the cutting edge; how humans can live far from the Earth Will you immigrate to Mars in stage 5? Will you miss your Earth mother? Can you transform it into a more habitable planet by using what we have learned on Mars? Discuss in a group of four to design a transforming plan. Your plan should include: one topic (transforming the Earth), some main steps, some specific stages.  From your introduction and also the passage, we can learn that transforming Mars it not easy at all. Actually, "To prevent the Earth from greenhouse effect", or "to transform Mars through it", that is the question. It is easier for us to protect the Earth than to transform a twin planet. After all, Earth is the only hometown. 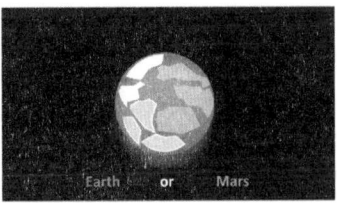	Now we have the whole picture of the huge project of transforming Mars. However, as you can see, we still need to improve the plan to make it more feasible and practical. Let's make a more detailed plan! You are all the specialists on some subjects: chemists, biologist, or engineer. You are going to have a further thinking. Find the most challenging measure of your subject in the plan and tell us your reason. Then give your own proposal. All of the group members should take part into the presentation and make your own speech. 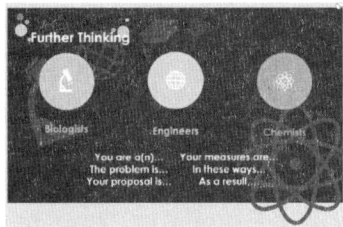 Mars finally becomes inhabitable. Success doesn't come easy. It needs the scientific studies and joint efforts of several generations, including you and me. I hope one day we can have our lessons and enjoy our life on Mars. The day may be far away, but we all know it is coming. 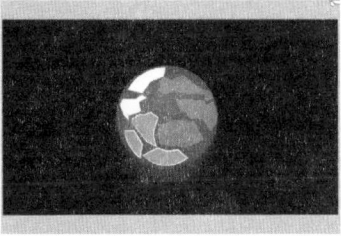

【分析】

改动前,读后活动分为两大部分。一是重新利用导入部分的阅读材料,总结改造火星带来的益处;二是利用课堂所学内容,提出改造地球的计划,使地球变得更适宜居住。

改动后,删除了对改造火星的评价,集中精力开展"新闻发布会"的活动,通过小组分工、合作的方式进行角色扮演。各小组分别扮演生物学家、工程师和化学家,在小组内根据各自专业,探讨课文中某个措施的可行性,补充自己设计的措施,并说明理由。在本活动中,学生不但巩固加深了对文本的理解,而且沿袭着全文的逻辑线索,体验了科学思考的思维方式。更重要的是,该活动将批判性思维带入课堂,让学生明白科学发展是依靠前人打下的基础,并不断否定修改之后才能取得的。学生注意到移居火星并非不可能,而自己就可以通过努力实现这一梦想,从而在情感态度方面达到了一定的升华。

四、小　结

(一)为学生搭好课堂的阶梯和平台

根据《全国英语课程标准》,英语八级目标要求学生能自主策划、组织和实施各种语言实践活动,例如:商讨和制订计划、报告实验和调查结果。能有效利用网络等多种教育资源获取和处理信息,并根据需要对所获得的信息进行整理、归纳和分析。在本堂课的最后,"新闻发布会"的活动正是按照这个目标设计的。英语课堂最终的语言产出,是建立在整节课中信息输入的基础之上的。在如今的英语课堂中,想要搭建一个好的阶梯,不能仅仅依靠教师单方面的输入,更需要教师设计出一系列问题来引导学生。这些问题,需要建立在真实的情境、高层次的思维模式以及高效的课堂互动之上的。因此,如何引发学生学习方式的转变和教师教学方式的转变是每个英语教育者都应思考的问题。

(二)把握课堂生成问题

在日常的教学过程中,结合观摩公开课的经验,笔者越来越强烈地感觉到,把握课堂生成问题往往才能真正解决学生心中的困惑，帮助他们登上更高的台阶。因此在试讲的过程中，笔者不断收集学生可能出现的问题，构思应对的有效反馈。另外，在分析课文的过程中，笔者尝试将文本的信息进一步深挖，比方说，在问到科学家可能用到的提出"How does greenhouse effect work on the Earth?"这样就可以激发学生将生活知识与课堂内容相结合，打破学科与学科之间的壁垒，在课堂中创建情境，为学生构建一个相对完整的意义世界。

（三）将科技思维融入英语课堂

在这节课的过程中，笔者向学生逐渐渗透一种疑问：如果作者设想的过程在现实操作中没有发生，结局会如何？鉴于这本牛津教材中的课文材料不再新颖，学生完全有能力发现课文中与时代脱节的地方。因此，有必要引导学生从新的角度去看旧的问题，对同一来源的材料努力去探求不同的答案，勇于质疑，挑战权威，发表不同见解，激发学生去创造型思维和求异思维。因此在经过一节课不断地铺垫之后，笔者在读后活动中向学生提问：如果你是生物学家、化学家或建筑师，你认为课文中的改造火星计划还有什么缺漏之处？你会采取什么措施？你预计会有什么样的效果？通过这项活动，达到让学生"迁移运用"所学知识的作用。此外，英语教师也有责任挖掘科学类文章中的人文因素，鼓励学生通过梦想和努力解决生活中的难题，提升学生的情感态度，把学生塑造成更加全面的人。

参考文献

[1] 何亚男, 应晓球. 高中英语阅读教学设计 [G]. 2017(3):10-15.
[2] 沈冬梅. 教师发展进行时 [M]. 2012(8):225-226.
[3] 左焕琪. 英语课堂教学的新发展 [M]. 2007(8):131-136.

智慧课堂对于学生批判式思维的启发探析

——《问题解决型英文写作指导》课例研究

□ 马金鑫

摘要：传统的英语写作教学，教师往往在学生完成创作后才予以点评，由于许多学生在写前对于文体类型、段落结构一知半解，在写作过程中难免会遇到一些困惑，导致写作目的不明确，结构不清晰，形式大于内容等问题。因此教师在布置写作任务时应注重写前指导，向学生介绍文体类型、段落结构，除此之外，还应注重对于学生思维的拓展，让文章有深度。

智慧课堂基于问题、基于情境、高效互动、高阶思维和富有人文，围绕知识的深度（DOK）的特点有利于教师促进学生"高阶思维"，实现两个"转变"：学生学习方式的转变和教师教学方式的转变。

关键词：智慧课堂 思维深度（DOK） 写前指导

一、研究背景

"智慧课堂"以"基于问题、基于情境、高效互动、高阶思维、富有人文"为主要特征，以完善学生的人格成长、促进学生的智慧发展、提高学生的综合素质为目标的理想课堂。对于英语写作教学而言，教师应培养学生分析文体结构，拓展思维的能力，将科学研究的态度、意识和方法与具体的学科教学相结合；让"小组合作学习"方式成为课堂教学的常态。

二、简要教学设计

本堂课巧妙地利用校本教材，以读促写，并结合智慧课堂从问题设计着手，精心进行教学设计，促进学生在写作过程中的"高阶思维"，实现了学生学习方式的转变和教师教学方式的转变。

选择问题解决型写作的几点考量：

1. 以读促写是现在写作教学比较推崇的一种授课方式。阅读是提升写作的重要途径。有人说：学以为耕，文以为获，读是基础，是先导，没有读的"耕耘"，就没有写的"收获"，所谓"读书破万卷，下笔如有神"。由此可见，只有在阅读教学中融入写作教学，借此培养学生的迁移与发散意识，学生才能真正做到"学以致用，举一反三，融会贯通，以读促写"。因此这堂课以校本教材为出发点，让学生在复习阅读的过程中得出结论，并仿写完成一篇基于问题的写作（problem-based task）。

2. 上海市英语特级教师何亚男老师曾说道："高考英语作文是对学生英语语言基础知识和语言运用能力的综合测试。要在高考中写出高分作文，不仅要有扎实的英语语言基础，而且能根据题意和具体要求，恰当地运用语言进行书面表达，完成不同文体的写作任务；如：清晰地阐述自己的观点和看法。"问题解决型写作的文体，要求学生在发现问题、描述问题、解决问题的同时还要辩证地分析问题解决方案的利弊，这对于训练学生的思维和表达有很大的帮助。

3. 写作教学，重点在于写作过程。新加坡教育家安东尼娅在名为《写作过程中的教师介入》写作指导书中曾写道："教授学生思考与语言的最佳时机是写作过程中。教师的干预应让学生的文本接近所写文体的体裁。"而针对议论文，她特意强调："教师应帮助学生陈述部分与整体的关系，指导学生识别段落信息与文章论点的联系。"为此，这堂课在设计时就充分考虑到了上述几点，利用智慧课堂基于问题、基于情境、高效互动、高阶思维和富有人文的特征，结围绕知识的深度（DOK），着重培养学生批判式思维（critical thinking）的能力，具有一定的创新性、探索性。

三、课堂实录与反思

要开好一堂课，选材是关键。为了体现智慧课堂对于"基于问题、基于情境"的特征，我选取了一篇问题解决型写作的原版教材，该教材给定了特定情境：一个横跨沙漠两头的城市，一头是住宅区，另一头是商业中心，由于两者之间只有一条两车道公路连接，因此交通十分拥挤。学生需要在写作前找出导致交通堵塞的原因并给出解决方案。

有别于其他说明文写作，这堂课还增加了额外的要求：要求学生分析所列方案的利弊，给出最终结论并论述理由。让学生发现问题，描绘问题其实就是在锻炼学生的信息意识，培养他们能自觉、有效地获取、评估、鉴别、使用信息的能力。而对所提出的解决方案分析利弊则是考查学生能否从辩证的角度去思考问题、分析问题，从而锻炼他们的理性思维，教导他们尊重事实和证据，培养他们的实证意识和严谨的求知态度。在试讲过程中，我原本以为让学生从图片中找出问题不需要过多的指点，但事实是多数学生都只能找出最明显的问题，至于图片中一些细节大多忽略了。所以我在后续的试讲过程中就增加了带领学生浏览图片的环节，通过复习一些相关词汇，让学生发现图片中的一些细节，从而使他们更容易识别导致交通堵塞的一些原因。这一改进在开课当天的实际操作中得到了回报。通过我的带领，学生们找出了各种问题，例如：有的提到了在主干道和住宅区的连接处只有一个交通型号灯，这势必会导致拥堵。

在确定了选材后，如何引出课题，层层递进，并通过一系列由浅至深的任务串联起整堂课，是我在设计这堂智慧课堂时反复思考的问题。起初我仿写了一篇问题解决型写作的小作文，试图让学生通过发生在他们周边的一个现象推导出问题解决型作文的框架，但备课组建议我从校本教材出发，利用前几课时提到的一篇相同话题的同类型文章，带领学生回顾文章结构，从而得出问题解决型作文的结构以及写作步骤。这样处理的好处在于这两篇文章话题相似，文体相同，一来是学生熟悉的文本，能大大缩短进入课题的时间，二来可以让学生有意识的运用课文中学过的表达。为了让学生能更快速的得出文章结构，我在发给学生的讲义里设计了一个流程图和写作步骤表格。通过填写关键词，让学生牢记问题解决型作文的结构。分析文体结构的过程中，我反复询问学生为什么作者不但列出了一些解决交通问题的方案，还分析其优劣。通过换位思考，情境模拟，培养学生的分析问题意识，让他们能辩证地分析问题，缜密思考。

检验一堂课成功与否的一项重要指标就是学生的产出。对于一堂写作课而言，最关键的部分就是写。由于我的这堂课设定的环节是写前指导，所以学生只需按照问题解决型写作的基本框架描绘出一个问题，给出一个解决方案，列出其利弊并得出最终结论即可。为了便于呈现，我把产出的环节设计成每个小组选派一名代表上台作介绍。通过讲义上的检验单（checklist）让聆听的其他学生都参与思考，并对其方案进行评价。这样不但有了师生互动，生生互动也有了。只可惜开课当天由于学生对于前一堂的课文没有深入了解，导致复习引入环节超时，最后只让两组代表进行了分析，点评时间也相对较短。而在表达观点时，我发现学生的表达能力受到词汇量限制，没有将所见内容表达清楚。

四、研究结论与小结

一篇文章的写作大致可分为三个阶段：准备阶段，起草阶段和修改阶段。在前两个阶段教师的介入能够帮助学生学会在内容（思想）和语言的选择上做出正确的决定，同时学会识别、摒弃不恰当的决定。介入是指写作过程中教师明确的解释与示范，以及引导学生发现问题并给予及时的帮助。介入时，教师关注的应该更多的放在高水平信息上（higher-level message）(Hirose&Sasaki,1994; Bosher,1998)，即关注如何表达文章的中心思想，如何发展文章的中心思想以及如何组织文章的结构等整体效果。为此，教师在教学设计上必须围绕知识的深度（DOK）来促进学生"高阶思维"。

参考文献

[1] Antonia Chandrasegaran 2007. Intervening to Help in the Writing Process.

[2] Bosher, S. 1998. The composing process of three Southeast Asian writers at the post-secondary level: An exploratory study.
Journal of Second Language Writing, 7,205-241.

[3] Hirose, K. & Sasaki, M. 1994. Explanatory variables for Japanese students' expository writing in English: An exploratory study.
Journal of Second Language Writing, 7,205-241.

【附录】教案改动前后对比

Teaching Plan（修改前）

Teaching Objectives:

By the end of the lesson, the students are expected to

1. have a general idea of a problem-solution essay

2. spot problems and offer solutions through a series of tasks

3. practice problem-solving skills and cultivate a critical-thinking attitude to study

Media: overhead projector, touch-screen TV

Teaching focus and difficulties:

Cultivating Ss' critical-thinking ability and problem-solving skill

Teaching Procedure:

Stages	Learning activities	Purposes
Pre-task	Ask Ss to read a short essay and answer the following questions	to lead in the topic and demonstrate a problem-solution essay
While-task	• ask Ss to split the essay and explain their reason • ask them to figure out the outline of a problem-solution essay by means of a flow chart	to help Ss infer the outline of a problem-solution essay step by step

（续表）

Stages	Learning activities	Purposes
	• explain a problem-based task to the Ss and review related vocabulary with the help of the teacher • divide Ss into a group of five and assign each group a separate task • ask one group to make a presentation and the rest Ss make comments on their performance	to cultivate Ss' critical-thinking ability and practice their problem-solving skills
Assignment	ask Ss to connect each part of the essay and write a complete one	to review and check what they learned in class

Teaching Plan（修改后）

Teaching Objectives:

By the end of the lesson, the students are expected to

1.have a good command of the outline of a problem-solution essay through reviewing an article

2.offer solutions to the problems spotted and analyze their advantages and disadvantages by means of critical-thinking

3.exhibit a wide range of problem-solving skills within each DOK level of complexity through a project-based task

Media: overhead projector, touch-screen TV

Teaching focus and difficulties:

Cultivating Ss' critical-thinking ability and problem-solving skill

Teaching Procedure:

Stages	Learning activities	Purposes
Pre-task	guide Ss to review the previous article through a flow chart to help Ss figure out the outline of a problem-solution essay	to lead in the topic and illustrate the outline of a problem-solution essay
While-task	• explain the illustration to Ss to draw their attention to the details	

（续表）

Stages	Learning activities	Purposes
	• ask Ss to pinpoint the courses of the traffic problem	to help Ss spot the problems and practice problem-solving skills
	• divide Ss into a group of five and assign each group a separate task • ask one group to make a presentation and the rest Ss make comments on the feasibility of the approach through a check list	to cultivate Ss' critical-thinking ability and train their depth of knowledge by increasing the level of complexity
Assignment	ask Ss to connect each part of the essay and write a complete one	to review and check what they learned in class

Pre-writing Instruction of a Problem-solution Essay Worksheet （修改前）

I. Reading the following passage and answer the following questions

Nowadays, checking mobile phone during class break is a common sight at many schools, which is a headache for teachers and parents as they are concerned that it may distract students' attention from study.

To tackle the problem, some teachers came up with an idea that students shall put their phone into a pocket hanging on the wall. On one hand, it is clear at a glance who didn't hand in his/her phone, for there is a student ID on the surface of each pocket. Also, teachers can keep parents informed of their child's mobile use. Before long, many students go to school without carrying a mobile. On the other hand, it's hard to tell whether the student has handed in a "real" phone. Some students were caught cheating with a phone case. Besides, teachers have to keep an eye on the phones during the day in case of theft.

Overall, the advantages of this approach outweigh its disadvantages and it turns out to be the most effective one so far.

Q1: What seems to be the trouble for many teachers nowadays?

Q2: How did some teachers deal with the problem?

_____

Q3: What are disadvantages of the solution?

_____

II. Review the outline of the text: Solving Traffic Congestion

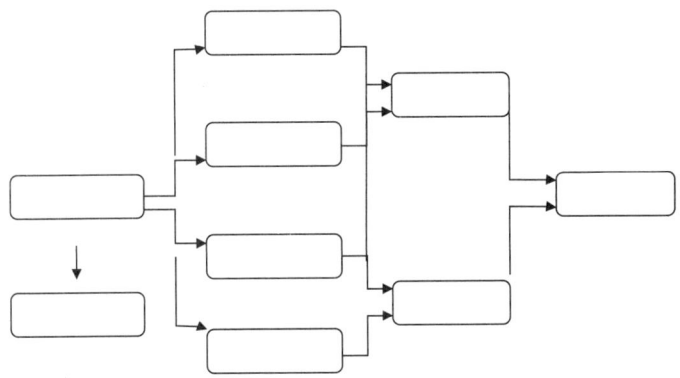

III. Outline of the Problem-solution Essay (Fill in each blank with one word)

How to write a Problem-solution Essay	
Step	Content
1	Describe a _____
2	Offer a _____ to the problem
3	Analyze the _____ and _____ of the idea
4	Draw a _____

IV. Describe a major traffic problem in this city and outline its advantages and disadvantages

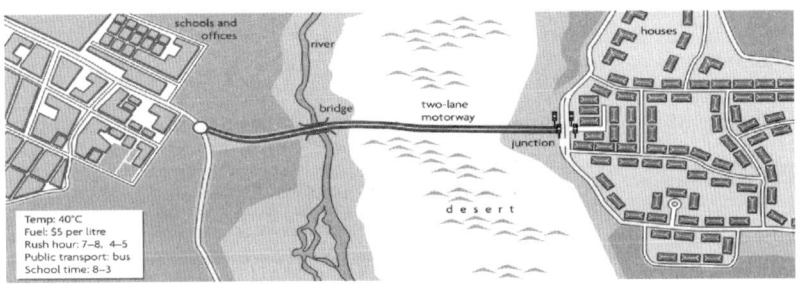

Write down the draft of your essay

Problem:_____	Advantages: _____	Conclusion:_____
Solution:_____	Disadvantages:_____	

Pre-writing Instruction of a Problem-solution Essay Worksheet（修改后）

III. Review the outline of the text: Solving Traffic Congestion

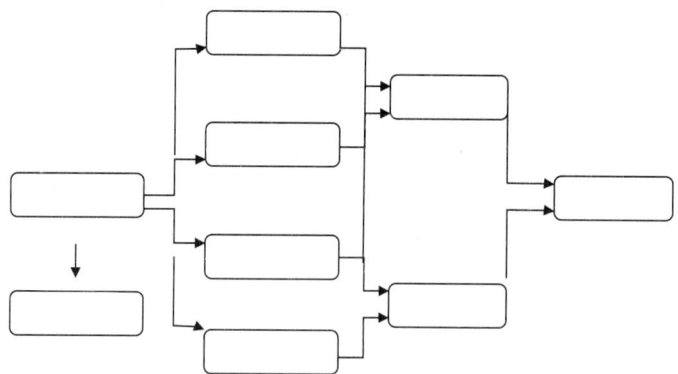

II. Outline of the Problem-solution Essay（Fill in each blank with one word）

How to write a Problem-solution Essay	
Step	Content
1	Describe a _____

（续表）

How to write a Problem-solution Essay	
Step	Content
2	Offer a _____ to the problem
3	Analyze the _____ and _____ of the idea
4	Draw a _____

III. Describe a major traffic problem in this city and outline its advantages and disadvantages

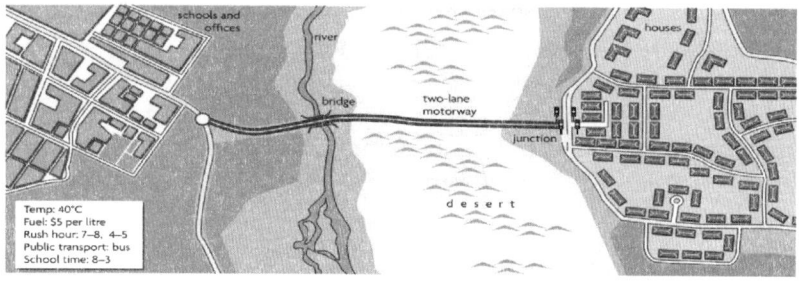

Supplementary Vocabulary

Area	市区 urban area	住宅区 residential area	城市外围 outskirt	商业中心 CBD
Street	路口 junction	自行车道 cycle lane	机动车道 motorway	人行道 pavement
Transport	轮渡 ferry	快速公交系统 BRT	共享单车 shared bikes	轻轨捷运 light rail
Engineering	隧道 tunnel	高架 elevated road	停车场 parking lot	高速公路 high way
Collocation	拓宽 widen	建设 construct	拆除 tear down	搬迁 relocate

Expressions Related to Problem-solution Essay

Describing a problem	Proposing a solution
…have problem/trouble with…	
…has become a headache for…	A popular solution would be to …
The most effective solutions involve…	

（续表）

Listing advantages and disadvantages	Drawing a conclusion
If such approach is adopted, it will…	
However, the problem with… are…	
Although…has obvious benefits, it is…	Overall, …turns out to be the most effective one as its advantages of this approach outweigh its disadvantages.

Write down the draft of your essay

Problem:_____	Advantages:_____	Conclusion:_____
Solution:_____	Disadvantages:_____	

Checklist

☐ Is the problem the group stated consistent with the fact?
☐ Can the solution proposed ease the problem?
☐ Did the group analyze their solution with a critical-thinking approach?
☐ Did the group explain the reason for their final solution?
☐ Is the presentation stated from the perspective of a resident?

基于问题设计的课堂高阶思维养成初探
——以高二物理《电动势》一课为例
□ 潘斐然

摘要：实验探究教学是物理课堂教学的重要环节，是培养学生高阶思维养成的必要手段。因此，基于实验探究教学的问题设计对于学生思维程度的逐步提升有着至关重要的引导作用。结合我国学生发展核心素养的培育理念和我校智慧课堂的五个关注点，本课以《电动势》为课例，精心设计演示实验和学生实验，在实验教学中培育学生的科学精神和质疑、推理、分析等综合能力，使课堂体现素养培育的基本要求和新一轮课堂教学改革的成果。

关键词：问题设计 高阶思维 核心素养 智慧课堂

一、研究背景

2016年9月，中国学生发展核心素养正式发布，分为文化基础、自主发展、社会参与3个方面，综合表现为人文底蕴、科学精神、学会学习、健康生活、责任担当、实践创新等六大素养，具体细化为国家认同等18个基本要点。根据这一总体框架，可针对学生年龄特点进一步提出各学段学生的具体表现要求。高中阶段的课堂教育教学活动也就成了青少年培育核心素养的重要载体。结合建平中学一直倡导的"智慧课堂"，即以"基于问题、基于情境、高效互动、高阶思维、富有人文"为主要特征、以完善学生的人格成长、促进学生的智慧发展、提高学生的综合素质为目标的理想课堂，我校各个学科组将科学研究的态度、意识和方法与具体的学科教学相结合，让"小组合作学习"方式成为建平课堂教学的常态，积极探索"教"与"学"的转变适应学校 STREAM 教育的特点与需求，形成了能够体现核心素养培育目标、适应建平中学学生特点、具有建平中学特色的教育教学质量标准。

物理学是一门自然科学，它所研究的是物质的基本结构、最普遍的相互作用、最一般的运动规律以及所使用的实验手段和思维方法。因此，基于实验教学的高阶思维养成是物理课堂"智慧"起来的重要一环。物理课堂尤其关注知识的科学性和系统性，训练学生的理解力、概括力、抽象能力，鼓励学生深入钻研问题，能够抓住事物的本质核心，鞭辟入里地分析问题，恰到好处地解决问题，引导学生从新的角度去看旧的问题，勇于质疑，激发创造型思维和求异思维。简而言之，物理课堂的高阶思维主要体现在学生分析、综合、评价与创造的能力上。

结合核心素养背景下的课堂教学改革的要求，建平中学物理教研组制定的《建平中学学科教育质量标准（物理）》中明确指出，实验探究和科学思维是物理学科核心素养培育中不可或缺的重要因子，包括培养观察能力、问题意识、证据意识，信息获取与加工能力，也包括通过观察和实验，批判性地进行分析和评估证据。基于此，物理课堂的问题设计对于学生探究的切入点起着至关重要的启发作用，可以有效引导学生逐步加大思维深度，理解物理概念或归纳物理规律。这是物理课堂突破高阶思维养成的必然手段。

二、简要教学设计

【教学任务分析】

《电动势》是高中物理电路拓展部分的第一课时。电动势概念的形成，能解释电源持续提供电流的原因，是建立闭合电路欧姆定律，理解闭合电路中的能量转化，分析串并联组合电路及其应用的基础。

前一章学生学习了电场的知识，理解了电势与电势差的概念，对于本章电路的知识，在基础课程中，学生掌握了部分电路的欧姆定律等知识，这些知识是学习本节课的重要基础。本节课授课班级为高二物理等级班，学生的思维较为活跃，有一定的数理推理能力与实验操作能力，是本节课通过实验探究建立概念的重要条件。

本节课以实验探究为主要手段，结合多次演示实验和学生实验，引导学生经历建立电动势概念的过程，挖掘并理解其物理意义，感受探究过程中的物理方法。

【教学目标】

1．知识与技能

（1）知道闭合回路、外电路、外电压，内电路和内电压等概念；

（2）知道电源的作用；

（3）理解电动势的物理意义；

（4）学会测量电源电动势的大小。

2．过程与方法

（1）通过对"非静电力"的探索，学会"类比"科学方法的应用；

（2）通过电动势概念的建立，掌握科学猜想、设疑探究、归纳总结的方法。

3．情感、态度与价值观

（1）通过 DIS 实验数据处理，领略信息技术对科学探究领域带来的便捷性、直观性；

（2）通过多次演示实验、学生实验，体会到实验对科学探究的重要价值；

（3）通过小组合作学习，感受合作精神。

【教学重点和难点】

1．教学重点

（1）电源的作用；

（2）电动势的定义；

（3）电动势的大小。

2．教学难点

电动势物理意义的理解。

【教学资源】

1．器材类

（1）学生实验：DIS 系统、定值电阻 R、干电池（2 节）、电键、导线若干、水果、铜片、锌片、发光二极管；

（2）演示实验：DIS 系统、滑动变阻器、原电池装置、电键、导线若干。

2. 其他类

PPT 课件、原理图海报、实物图海报、磁贴若干、投影支架、同频器、学习任务单。

【教学设计思路】

本节课的内容主要由三个问题的递进设疑来推进，结合教师的演示实验和分析以及学生实践讨论的过程，逐步探究物理问题，最终达成教学目标。

第一环节：从已经掌握的部分电路的知识出发，结合学生实验提出"为什么 $U_R < U$"的疑问，通过教师演示实验把电源"打开"，测得数据，验证学生的猜想，即电源内部有电压。

第二环节：根据前一章电场中关于电势的理解，分析实验数据得到"电路为什么能持续工作"的原因，即电源内部非静电力的作用；通过演示实验，发现在电路状态变化时，非静电力的作用保持不变，引出电动势的定义，理解电动势是反映电源升高电势的本领强弱的物理量。

第三环节：通过演示实验，结合外电压、内电压、非静电力作用区域电压的数据，学生讨论得到电动势的大小；最后通过水果电池的学生实验，在实际应用中学会测量电源的电动势，进一步充分认识生活中的各类电源。

【教学流程图】

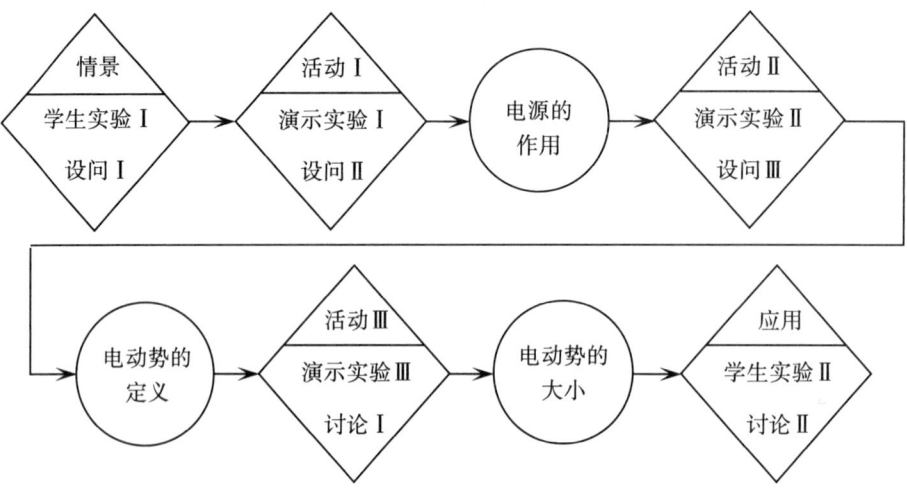

【教学过程】

情景引入：从生活中电源给用电器供电的实例，引入实验电路中干电池给定值电阻供电时的情况。

学生实验 I：DIS 探究闭合回路中干电池提供电压的效果，记录电阻两端电压 U_R 和电池组两端电压 U。

● 设问 I：为什么 $U_R < U$？

猜想：有内电压。

演示实验 I："打开电源"，解析实物装置，DIS 测得内电压验证猜想。根据电势差的内容分析外电压 U_1 和内电压 U_2 数值的意义。

● 设问 II：电路为什么能构成闭合回路，从而持续工作？

猜想：逻辑推理并猜想电源内部有使得电势升高的作用。

演示实验 II：通过实验测得 U_3、U_4，验证猜想。

● 设问 III：对于确定的电源，改变外电路状态时，U_3、U_4 的数值会变吗？

演示实验 II：DIS 测得电势升高的数值作用保持不变，引出电动势 ε 的定义。

教师分析：从物理学的角度来说，电动势 ε 体现了电源把电势升高的这种效果，我们把这些电源内部升高电势的作用统称为非静电力作用。如果结合能量观点来看，电路的工作需要电能，所以电动势的大小反映了电源把其他形式能转化为电能的本领的强弱。

演示实验 III：DIS 测得 U_1、U_3、U_2、U_4 多组数据，讨论得出 $\varepsilon = U_{外} + U_{内}$。

学生实验 II：学生自己制作水果电池，并测量该水果电池的电动势，讨论得出测量电源电动势的方法 $\varepsilon = U_{断}$。最后，用自己的水果电池使发光二极管发光。

【板书设计】

电动势

1. 为什么 $U_R < U$？（有内电压）

2. 电路为什么能持续工作？电源内部的作用（非静电力作用）

3. <u>电动势</u> $\varepsilon = U_{外} + U_{内} = U_{断}$
   ⇩
   电源的本领

三、课堂实录与反思

结合每次的课堂效果，经过反复磨课，本课的教学设计得到不断完善。现就本节课关于电动势概念生成过程（教学重点）的问题设计和突破电动势物理意义（教学难点）的问题设计对比如下。

电动势概念生成过程（教学重点）的问题设计对比		
问题设计	课堂效果与思考	改进方向
1. 为什么 $U_R < 3V$？ 2. 电路为什么能持续工作？ 3. U_3、U_4 的数值会变吗？	本次教学设计仅需要学生测量电阻两端电压，电池两端电压是根据常识自然给出的，因此教师对问题 1 "$U_R < 3V$" 的原因的猜想指向性不明确；根据递进式推理，学生对问题 3 中 U_3、U_4 的数值意义是可以理解的，但这两个数值变化与否从何判断是比较无措的。	增设学生测量电池两端电压 U，从数据的对比中让学生直观自然地发现 $U_R < U$ 的规律，从而引发思考；将问题 3 的问法进行更为准确地描述，达到有效问题的效果。
1. 为什么 $U_R < U$？ 2. 电路为什么能持续工作？ 3. 对于确定的电源，改变外电路状态时，U_3、U_4 的数值会变吗？	问题 1 的修改使学生能够在直观自然地发现 $U_R < U$ 的规律，在客观情境中进行合理猜想，生成的问题探究环节；基于问题 3 准确的描述，学生可以迅速理解探究的问题本身；对于问题 2 中"持续工作"原因的分析比较茫然，没有知识的梯度做铺垫，学生比较茫然。	需要找到"持续工作"的另一种问法，结合学生之前都在分析电势变化，可以考虑从电势升降的角度分析闭合回路的特点，最后再过渡到"持续工作"的说法。
1. 为什么 $U_R < U$？ 2. 电路为什么能构成闭合回路，从而持续工作？ 3. 对于确定的电源，改变外电路状态时，U_3、U_4 的数值会变吗？	通过学生对闭合回路的既有理解，结合电势变化的分析，学生能较为自然地得出"只有电势回到原有数值，闭合回路才能形成"的特点，从而进行"电源内有电势升高的效果"的猜想，进一步进行实验探究。	对于问题 3 的铺垫是由教师给出的，可否通过学生讨论或其他较为主动的学生参与，引导学生自主发现问题、提出问题，最后解决问题。

突破电动势物理意义（教学难点）的问题设计对比		
问题设计	课堂效果与思考	改进方向
1. 如果结合能量观点来看，电路的工作需要什么能？ 2. 铜锌原电池作为电源，它提供的电能从哪	虽然有课堂引入时用电器工作电路需要电能的铺垫，但问题 1 的抛出还是太过	重点关注电势到电能的转化，可以充分运动类比图，找到思维

(续表)

突破电动势物理意义（教学难点）的问题设计对比		
问题设计	课堂效果与思考	改进方向
里来？ 3. 这一过程中，是什么能量转化为电能？ ★电路工作需要电能，不同电源提供电能的方式是不同的，本质上是将其他各种形式的能转化为电能，所以，电动势其实反映了电源把其他形式能转化为电能的本领。 4. 如何类比小朋友的滑梯玩耍过程，分析闭合回路能量变化问题？	突兀，因为整节课的重点都在解析闭合回路的电势变化，突然过渡到能量问题没有转化的思考空间；电动势物理意义的描述本身没有问题，但问题4中"小朋友的滑梯玩耍过程"类比"闭合回路电能变化"，这一问题的指向性不明确。	梯度，帮助学生跨越思维障碍，突破教学重点，而不是直接由教师给出；同时，将问题4的剖析进行分解，一步分多步，层层铺设，引导学生自发地从电势过度到电能的理解。
1. 如何类比闭合回路的电势变化，分析小朋友玩耍过程中位置高低的变化？ 2. 如何类比小朋友玩耍过程中的重力势能的变化，分析闭合回路中电能的变化？ 3. 铜锌原电池作为电源，它提供的电能，是什么能量转化来的？ ★不同电源提供电能的方式是不同的。所以，一方面，我们认为电动势反映了电源升高电势的本领，另一方面，从能的角度，我们认为电动势反映了电源把其他形式的能转化为电能的本领。电动势的大小反映了电源本领的强弱。	类比法的充分运用有较好的效果，学生从"电势变化→位置高低变化→重力势能变化→电能变化"的不断类比中充分理解了闭合回路的能量问题。	是否有需要结合能量转化的原理，进一步分析闭合回路的能量问题（因不是本课重点，且一课时时间有限，本次教学设计并没有考虑这一环节的设计）。

四、研究结论/小结

每门课程都承载着独特的育人功能、也蕴藏着独自的学科思维、方法。物理课堂的实验教学在让学生学着像"物理学家一样思考"的过程中，主动探求物理概念的本源和物理规律的形成，这是核心素养和智慧课堂共同追求的学生学习方式的转变。那么，如何设计问题以起到有效引导和启发的作用，便是教师教学方式转变的重要体现。

在本节课的教学设计修改中，两处最为重要的问题设计已分析如上，从中可以看出：首先，问题设计要注重其科学思维和逻辑关系的梯度。问题设计的最终目标是达成某一概念或规律的逐步生成，培养其高阶思维水平。高阶思维的运用是以低阶思维为基础和起点的。因此，教师需要从学生认知水平出发，配合实验教学的进程进行推进式发问。其次，每个问题都必须是有效问题，且指向明确。新型的课堂是学生为主体的，学生思考的过程也就是物理问题得到解决的过程，所以问题的问法需要契合学生的理解能力，用准确清晰的字词做出问题设计。最后，教师应在重点难点的问题上给予充分的空间，包括教师的问题设计和学生的自主探究。教学重点难点本就是学生最难突破的思维桎梏，所以应借助高效的问题设计和充分的学生探究空间达成教学目标。

基于问题设计的高阶思维养成应是在多次诸如此类的尝试和实践中实现的，这将最终助力课堂教学从"知识教学"转向"素养教学"。

参考文献
[1] 褚宏启，张咏梅，田一. 我国学生的核心素养及其培育 [J]. 中小学管理，2015(9):27-31.
[2] 张华. 论核心素养的内涵 [J]. 全球教育展望，2016(4):10-24.
[3] 黎兴贵. 创设有效问题情境的模式探讨 [J]. 教育教学论坛 . 2011(8) .
[4] 王玮. 新课标下高中物理问题情境的创设与实践研究 [J]. 学周刊 . 2016(13).
[5] 吴继龙. 基于问题为中心的高中物理课堂教学 [J]. 亚太教育 . 2015(16).

如何构建基于核心素养的高中生命科学课堂

——以《动物体的细胞识别和免疫》教学为例

□ 李竹青

摘要：生命科学核心素养是学生在解决真实情境中生物学问题时所表现出的必备品格和关键能力。现在的生命科学课堂要以核心素养为培养导向，本文通过对"动物体的细胞识别和免疫"这一节进行反思，总结了对于学生核心素养的培养经验，探讨了如何构建基于核心素养的高中生物教学活动。

关键词：核心素养　高中生物　教学反思

高中生命科学学习的主战场在课堂。课堂上教师不仅要向学生传递基本的生物学知识，还要让学生形成正确的生命观，培养理性的思维习惯、提高科学探究的能力、养成科学的态度，和建立参与社会事务的责任感等。这些素养正是通过课堂上的生命科学课程学习而逐步形成和建立起来的，所以构建基于生命科学核心素养的课堂显得尤为重要。本文以沪科版生命科学第二册第五章第四节动物体的细胞识别和免疫这一节课堂教学为例，结合建平中学智慧课堂"基于问题、基于情境、高阶思维、高效互动、富有人文"的五大要素，浅谈如何构建基于核心素养的高中生物课堂。

一、创设教学情景，带领学生快速融入

通过设置学生熟悉的情景，使学生在课堂伊始就置身于与课堂教学内容相关的情景之中，用真实的问题激发学生思考，使他们产生学习兴趣，促使学生

主动融入生命科学课堂，这对生命科学核心素养的培养产生具有积极影响。本节课首先以学校个别班级刚出现不久的水痘为例，用图片展示水痘病毒侵入人体产生的症状，带领学生回顾上节课第一课时学习的非特异性免疫的前两道防线。接着设问如果水痘病毒数量很多，巨噬细胞无法完全清除，这时人体会出现怎样反应？通过教学实践发现，从日常生活中的水痘现象引入，课堂上同学们对于病毒的入侵以及人体是怎样抵抗水痘病毒的都很感兴趣，课堂气氛活跃。这样非常有利于后续课堂环节的展开，也让学生体会到生命科学和实际生活是紧密关联的，提高了学习兴趣。在之后的教学中，继续以 PPT 展示感染水痘病毒个体中病毒和抗体的增殖曲线图，让学生自主分析水痘病毒数量减少的原因。这样学生们通过图像直观地体会到水痘病毒的减少与抗体的出现有直接关系，使他们意识到抗体对水痘病毒的清除作用。这一过程有利于提高学生的图像分析能力，培养他们的理性思维。同时图像中的曲线还引发了学生提出"抗体是如何产生的，又是如何发挥作用的"的疑问。教师就可以自然地从抗体入手，引出本节课的主要内容——特异性免疫反应。教学情境的设置培养了学生的观察和提问能力，并且充分调动了他们的学习积极性。

二、回眸科学史，动态生成生物学概念

生命科学的学习常常以科学史为桥梁，让学生体会科学家严谨的科学态度、细致的理性逻辑和坚忍不拔的意志品质。本节课中"抗体"这一重要而又抽象的生物学概念，不是照本宣科直接给出，而是通过简介抗体发现的科学史以及展示产生抗体的细胞，抗体和抗原的作用特异性的图片，让学生们直观地、动态地归纳出抗体的化学成分、产生细胞以及作用特点。教学实践发现，动态地剖析生物学概念并结合科学史，更加符合学生的认知规律，更有利于学生们的理解和接受。

三、动态突破重难点，展现生命科学的逻辑思维

体液免疫的初次免疫和二次免疫是本节课的重点和难点，由于知识点抽

象，过程复杂，记忆量大，要想使学生彻底吃透课本，精准记忆非常困难。对于体液免疫的初次免疫，本节课继续以水痘病毒入侵为线索，利用形象的Flash动画，配合板书，循序渐进地构建体液免疫的完整的流程图。在此过程中对学生识图析图，概括总结能力以及表达能力的提升起到积极作用。

对于二次免疫，采用PPT显示二次免疫反应的曲线图，引导学生分析总结二次免疫快且强的特点和原因，让学生知其然和所以然，帮助学生理清生命科学的逻辑思维，理解生物学过程。

四、自主探究，展现核心素养

对于核心素养中自主探究能力的培养，课堂中老师们应该充分利用自主学习和探究性实验的形式进行展开。

对于细胞免疫的学习，由于已经详细讲解了体液免疫的过程，在课堂上老师就不需要赘述，而是应该充分调动学生们的自主学习能力。本节课，在课前为学生们在ipad上准备了一个消除声音的细胞免疫过程的微视频，要求学生对已学习的体液免疫过程进行消化和迁移，课上分组讨论，对微视频进行配音活动。实践发现，通过配音活动，学生们不仅对体液免疫的学习内容有了更好的理解，也提升了他们类比、迁移、自主探究的能力。这一活动也很好地提升了学生对于抽象生物学过程的描述和表达的能力，诠释了科学探究的核心素养。最后，教师可以再以板书对学生的表达内容进行小结和升华，锦上添花，加深学生对细胞免疫过程的印象。

最后根据黑板上呈现的细胞免疫和体液免疫的板书内容，通过提问引发学生思考体液免疫和细胞免疫，特异免疫和非特异性免疫的相互联系，使学生形成三道防线构成机体复杂完整的防卫系统的知识脉络，进一步理解生命机制的完整性和精妙性。这其实也是对学生进行生命观念的教育，是核心素养的必要内容。

五、结合生活，注意学以致用

结合生活实际，利用生命科学的学习内容和科学探究方式解决实际生活问题，是我们学习生命科学的最初动力和最终目标。在本节课的最后一个环节，通过对介绍的天然免疫和人工免疫进行迁移，让学生相互讨论，尝试设计如何利用免疫学知识去预防或治疗癌症的方案，进一步激发学生对免疫学知识的迁移和应用，引发课后关于免疫和健康的思考，真正做到学以致用，促进学生的全面发展。

六、回顾、反思与改进

尽管本节课完成了预设的教学目标，实现了教师在教学活动中作为引导者的身份。但在体液免疫过程的讲授环节还是过多过细，这提示我们对于合格考的教学要抓住主干知识，细节不需过分的展开，避免浪费宝贵的教学时间。另外由于时间关系，最后一个精彩环节并未充分展开，这提示我们课前要对授课的学生进行充分的了解，对课堂环节的把握和时间的控制要更加合理。在设计问题时，要更有针对性和有效性，和注意提问的方式，要让学生充分参与。

参考文献

[1] 周然. 浅谈高中生物学核心概念及其教学实践 [J].《中学生物教育》, 2010(4):4-6.

[2] 刘群, 吕汉聪. 生物学教师应该具备的核心素养和学科科学教学知识 [J]. 2017, 42(5):12-13.

[3] 谭永平（人民教育出版社生物室）. 中学生物学课程在发展学生核心素养中的教育价值 [J]. 2016, 41(5):20-22.

[4] 杨铭, 刘恩山. 生物学核心素养视角下的科学探究 [J]. 生物学通报, 2017, 52(9):11-14.

[5] 郭军英. 基于核心素养的生物课堂教学——以"解开光合作用之谜"为例 [J]. 中学生物教学, 2016(13):17-20.

探索科学研究的一般规律

——《元素周期表的应用》磨课课例

□ 李依娜

摘要：在元素周期表的应用的这节课的备课过程及试讲过程中，我更加深刻地理解了智慧课堂的五个要素。在寻找课程本身的内在逻辑时，我发现科学发展观应始终贯穿于我们的教学过程中。

关键词：智慧课堂 元素周期表发展史 元素周期表的应用

一、研究背景

在中学元素周期律与元素周期表的教学过程中，门捷列夫一直是老师经常提及的，学生耳熟能详的一个名字，但是人们认识事物，发现规律并不是一蹴而就的，是一个不断发展的过程。我在研究元素周期表的发展史的过程中，深刻感悟到了这个规律。门捷列夫1869年2月发表文章提出早期元素周期律，在他之前有许多科学家拉瓦锡等对元素性质进行了大量的研究，他同时期的物理学家迈尔对原子半径的测定，以及20世纪初大批的物理学家卢瑟福、汤姆逊、波尔、查德威克等对原子结构的探究，对元素周期律的进一步的认识及修正都有不可磨灭的贡献。我觉得在中学这个内容的教学过程中，以此为契机，给学生呈现元素周期表的发展史，使他们对科学研究的一般规律有所了解，并在课堂内自主探索的过程中，体会科学家的研究所遇到的困难，培养学生科学发展观。科学研究一般会经历三个步骤 what → why → how，人们最初对大自然或人类社会的一些现象感到好奇有趣，发现了一些规律（what），但是为什么有这些现象和规律呢，这会激发人们继续探究的热情，追根溯源探究本质(why)，但是这些规律能否为人类创造更大的价值呢，科学家下一步就是应用这些规律在具体的生产和研究中（how），为人类造福。我觉得如果从这个视角引入元素周期表的应用，这节课就自成逻辑了。将课本上关于周期表的具体应用，以时间为线索，从过去、现在、将来三个角度展开，学生的知识能力，对过去的科学家的研究过程可以理解并可尝试模拟当时的探究过程，现在的应用，作为教师可以通过案例进行启发，指导他们做课题研究，将来更为远大的发展，需要进行更系统的学习和研究，今天播下了疑问，希望明天学生能收获更大的发现。

二、简要教学设计

教学环节	教师活动	学生活动	设计意图
课题引入	【课题引入】什么是元素周期律？是门捷列夫提出的吗？	所学内容再现。	使学生进入问题情境。
具体介绍元素周期表的发展史	利用投影展示，以时间为主线，介绍元素周期表的发展史，揭示科学研究的一般规律。 what → why → how	倾听、思考。	通过科学史的学习，体会科学探索的渐进性，了解一些科学家的贡献。
元素周期表的应用过去式	过去式：预测元素，推测性质 案例：类铝元素 思考1：门捷列夫曾预言过第四周期ⅣA族的锗的元素性质，通常在同族中自上而下的元素性质具有递变规律。其中未知的元素的物理性质大致在上下两中元素物理性质的中间。已知：硅的密度为$4.8g/cm^3$，锡为$5.8g/cm^3$；铝的比热容为$130J/(Kg.K)$，锡为$218 J/(Kg.K)$。 思考2：在人体所需的是多种微量元素中，硒被称为生命元素，对延长人类寿命起着重要的作用，硒元素及单质化合物有哪些性质呢？ 思考3：设想你去采集了星球上十种元素单质的样品，为了确定这些元素的相对位	试根据周期律推测： 1. 估计锗的物理性质；密度范围比热容范围。 2. 锗能否和酸碱反应？ 3. 氢氧化锗的酸碱性表现为？ 4. 锗的氢化物与硅的氢化物相比，较稳定的是？ 观察、分析及思考可能的性质； 讨论、汇报相关结论； 交流、完善；	进一步培养学生通过信息进行分析推理的能力，使学生学会科学研究问题的一般思路和方法。

（续表）

教学环节	教师活动	学生活动	设计意图
	置以便系统地进行研究，你设计了一些实验并得到下列结果，见图表。 【小结】根据元素性质的预测及有关元素位置的确定归纳元素"位-构-性"间的相互关系。	思考、回顾并记录。	
元素周期表应用现在式	【投影】利用投影展示有关周期表中某些元素在生产及生活中的用途相关信息。 1. 农药的发展； 2. 半导体材料； 3. 耐高温、耐腐蚀的材料。	联系生活，联系所学的化学知识，思考。	
元素周期表应用将来式	【投影】 展望1：寻找周期表的边界； 展望2：镜像周期表。	启发。	扩大眼界，增长见识。
知识小结	【小结】总结元素周期表和元素周期律的具体应用，并说明对我们学习的指导意义。	聆听、回顾及思考。	总结回顾本节课利用周期表和周期律的具体应用及指导意义。

三、课堂实录与反思

在正式上课前，我试讲了三遍，教案修正了三遍。在思路框架大致不变的情况下，细节做了大规模的变化。

我第一稿是想重点突出元素周期表的发展史，我花了20分钟详细介绍了其中的一些科学家的研究，然后在周期律的应用上，为了加深位构性的理解，比较功利地设计四道选择题，由于学生有些知识方面还不是很清楚，所以讨论不充分，在周期表的应用上展开很匆忙，草草结束。在课后备课组老师提出了他们的想法，觉得主题不明确，还是要增加互动性，整个思路还要再琢磨，因为第一遍试讲，有些语言组织还要再精雕细琢。

第二次试讲前，我改变了应用上的思路，把四道选择题删除，体验式，从任务驱动的角度，设计了三道思考题，有教材上的题目，有开放性的一道题，还有难度较大的一道前高考题，三个梯度，希望增加与学生的互动，激发学生的高阶思维，并且压缩精简发展史，20分钟压缩到了8分钟，但是时间还是有些紧张，课后学生们和我互动过程中，直言由于之前开放式的问题很少碰到，时间有限的条件下，思维受阻，在推理过程中，碰到很多困难，那节课后，我想了很多，这对这些优秀的学生来讲，一道题没有头绪，感觉有挫折感，那么这节课是成功还是失败呢？难道把道理讲得明明白白，没有任何问题下课，就是一节成功的课吗？他们的表情还是轻松地，觉得这道题蛮有趣的，课后还在思考，提出了多解，我觉得这就是启发式教育的成功。作为教师不是什么都知道的、什么都会的，我们能带给学生的除了已知的知识外，更应该启发他们去探究无知的世界，这样人类才能进步。我在第三遍试讲前又修改了教案，将应用以时间线划分，过去，现在，将来，在落实知识点上以模拟科学家的研究，将物质根据性质进行分类，根据递变规律推测元素化合物物的性质，在现在和将来的应用上，从生活中，工业上的一些材料的研发，尽可能和学生已学的知识关联。

在第三遍的试讲过程中，由于几次修改教案，有些连结，以及和学生的互动还不是很融洽，所以还是有些需要改进的地方，但是三遍试讲下来，ppt的不断改变，使我对这节课的框架和逻辑有了把握。元素周期表的发展史是作为引入课题的手段，重点在于学生能运用周期律来预测性质，并感悟研究的困难，并因克服困难产生的成就感，我在各个方面的介绍，带来的一些新名词，新事物引发他们的好奇心。

第四遍的正式公开课上，现在看来还是有得有失的。整个节奏还是比较好，学生的反应也比较积极，但是时间还是有点急，如果三道思考题的第二题删除，给第三题更多的时间，那么学生的挫折感和后续的成就感会更强烈。

四、研究结论

经过这次对元素周期表的应用的这节课的反复琢磨，我感觉中学化学的很多教学过程中，可以有科学史的渗透，在几年前我开过一节苯，我就把凯库勒研究的很仔细，苯的结构的研究史也和元素周期表的发展史一样，是不断发展的结果。作为教师，平时教学过程中有意识的介绍一些这些科学家，以及发展史，对学生科学素养的提高应该有所帮助。

现在教师在备课过程中，根据智慧课堂的五要素"基于问题、基于情景、高效互动、高阶思维、富有人文"的要求，从问题设计入手，精心进行教学设计，促进学生的高阶思维，实现学生学习方式的转变。

参考文献

[1] 许燕红. 从元素周期表的发展史体悟化学哲学. 化学教学，2013(7):93-96.
[2] 修明磊. 浅谈元素周期表发展史. 化学教学，2000.
[3] Eric R Scerri. The periodic table. Journal of Chemical Education, 2000:1-116.

指向高中思想政治学科核心素养的课堂教学探究
——以《财政及其作用》一课为例

□ 张志斌

摘要： 高中思想政治课程标准中明确提出了提高思想政治学科核心素养、增强社会理解和参与能力的学科任务。学科核心素养是通过学科学习而习得的关键品格与关键能力。因此，对于通过学科学习方式改变来培养学科核心素养的探索与实践成为当前课堂教学变革的焦点。基于问题、基于情境、高阶思维、高效互动、富有人文的"智慧课堂"模式正是实现课堂教学变革的一条有效途径。本文通过课例分析来阐述"智慧课堂"模式在培养学生学科核心素养方面的积极探索。

关键词： 高中思想政治 学科核心素养 课堂教学 课例研究

一、研究背景

《普通高中思想政治课程标准（2017年版）》（以下简称"新课标"）中明确指出高中思想政治课的学科性质："以立德树人为根本任务，以培育社会主义核心价值观为根本目的，是帮助学生确立正确的政治方向、提高思想政治学科核心素养、增强社会理解和参与能力的综合性、活动型学科课程。"[1] 从课程实施的角度来看，本课程是以马克思主义基本观点教育作为核心任务，以

---

[1] 普通高中思想政治课程标准(2017年版)[R],中华人民共和国教育部,人民教育出版社,2018.1:1.

结构化设计的活动为载体，着重提高学生社会理解和参与能力，旨在培养学生新时代学生思想政治素养的跨学科整合的大德育课程。新课标坚持了以真实生活为基础、以学科知识为支撑的基本课程理念，结合新时代、新要求，进一步明确了以核心素养的培育为主导、以活动型课程的打造为主线，体现了高中思想政治课新定位和新发展。

通过将学科逻辑与实践逻辑相结合，将理论知识与生活关切的事实相结合实施教学培养学生学科核心素养是本次课程改革的重要方向。学科核心素养是学科育人价值的具体体现，是学生通过学科学习而逐步形成的正确价值观念、必备品质和关键能力。它是通过一定的学习方式而养成的学科观念、思维模式、探究技能以及结构化的学科知识和技能。课堂教学是培养学生学科核心素养的重要渠道，因此，指向学科核心素养培育的课堂教学变革业已成为当前学科教学探索与实践的必然趋势。

"智慧课堂"模式顺应了这一趋势，它是站在学生学习的视角下，基于"学什么""怎么学""学的怎样"的考量，重新思考"为什么教的问题""教什么的问题""怎么教的问题""教得怎么样的问题"的追求理解性学习的教学模式。它是一种基于高阶思维发展的理解性学习，具有注重批判理解、强调内容整合、促进知识建构、着重迁移运用等特征的学习方式。因此，指向学科核心素养的课堂教学是通过基于问题、情境、高阶思维、高效互动的系统化统整的智慧课堂教学来具体实现。作为教学的起点，基于问题的教学是以问题逻辑呈现课程知识逻辑，结合学生的生活逻辑，引导学生探究课程知识和现实生活中的政治、经济、文化、社会等现象，在正确的价值观念的引导下，学会分析现象、发现问题、解决问题，逐步提高思维水平，发展思想政治学科核心素养。在转变教师教学方式和学生学习方式的过程中提升教学的有效性，促进教师的专业发展和学生的全面发展。以下通过高一《思想政治》经济常识中《财政及其作用》一课为例，阐述"智慧课堂"模式对于培养学生学科核心素养方面的积极探索。

二、简要教学设计

（一）教学内容分析

英国古典经济学家亚当·斯密曾说："财政乃庶政之母。有政必有财，财为政之资"。随着社会主义市场经济的发展，公共财政与我们的生活日益密切，认识财政、理解其内涵，是当代新学生应具有的基本常识。本课的内容从财政的含义、收入的形式与影响因素、收支关系及财政作用展开，其中财政的收入形式及影响因素和财政的作用是本课的教学重点。让学生在了解财政基本知识的基础上进一步结合生活的体验理解国家财政，通过对财政的认识去理解国家的有关经济政策，从而逐步形成"政治认同"。

（二）学情分析

虽然财政与我们的社会息息相关，但是高一学生对国家财政的认识是零碎的、陌生的，对生活实际和财政之间的逻辑关系是模糊的。因此，需要通过具体到抽象、归纳与演绎等思维方式建构知识脉络，厘清逻辑关系。通过教学，试图使学生能运用科学思维方法构建知识逻辑，转变学习方式。

（三）教学目标

知识和能力：知道财政的含义、了解财政收入的途径和形式，影响财政收入的因素，财政收入与财政支出的关系，正确认识财政的作用。培养学生分析问题、归纳知识、运用知识的能力，初步形成基础财政知识框架。

过程和方法：通过对生活中财政现象的例举分析，知道财政在经济生活和政治生活中的地位；通过设问引导，使学生感受从具体到抽象的归纳方法；通过对财政图表的分析、比较，引导学生质疑、验证、理解财政现象，认识财政收入和财政支出。通过课堂讨论、交流，提高学生关注社会，认识财政的重要作用。重点培养学生正确思考问题的方向和解决问题能力。

情感、态度、价值观：在了解财政基础知识的基础上，观察我国财政收支的基本情况，了解基本国情。关心财政支出的方向，关注国家和社会发展。

（四）教学重点和难点

重点：财政收入的方式，财政收入与经济发展的关系，财政的作用

难点：财政收入与经济发展的关系，财政的作用

（五）教学过程

教学内容	教师活动	学生活动	设计说明
1. 财政是什么？关键词是：国家、公共性、分配形式。	观察、汇总信息并说出你认为与财政有关的经济现象。支撑材料：上海市2017年实事项目。	联系生活中与财政有关的经济现象；归纳、汇总现象，概括其共同特征。通过引导，使学生获知财政的含义。	通过身边的财政现象概括出财政的基本特征，认识财政的含义。这是学生掌握财政知识的基础，但难度不高，学生在概括生活经验的基础上即可理解财政的内涵。
2. 财政收入来源、保障程序及影响因素。	设问： 1) 国家通过哪些渠道获取财政收入？ 2) 怎么保证这些收入？ 3) 财政收入与哪些因素有关？最关键因素是什么？ 4) 如何保证财政的必要增长？ 引导学生运用转变经济发展方式的相关知识探索经济增长和财政收入的关系。 支撑材料：财政收入构成图、财政收入与经济增长图。	讨论、思考，交流观点，形成对财政收入的基本认识，以及理解财政收入与经济发展之间的关系。	以逐步递进的设问方式启发学生的思维，主动构建知识间的逻辑关系。 财政收入与经济发展的关系是教学的重点，提供材料引导建构联系有助于提高学生的思维能力和思维品质。 调整教材顺序，服务教学需要。
3. 财政收支的关系。	设问： 1) 财政收支的情形与结果； 2) 什么是财政赤字，怎么弥补财政赤字？ 引导学生通过比较发现问题、解决问题，概括财政收支的一般原则。 支撑材料：财政预算决算报告中的部分内容。	分析财政收支的关系、提出解决弥补财政赤字的方法；认识财政收支一般原则的重要性。	培养学生分析、比较、解决问题的能力。

（续表）

教学内容	教师活动	学生活动	设计说明
4.财政支出体现财政作用。	设问：国家财政的作用体现在哪些方面？	列举财政支出的项目，建构财政发挥作用的逻辑关系。可以运用教材理论知识也可以举例说明。	学生自己设计模型，提高运用经济学知识分析经济现象的能力。财政的作用是本课的重点和难点，构建逻辑关系能较好地提高学生理解、运用知识的能力，也能更好地认识国家的经济政策。

三、教学改进与反思

本课的教学从四个环节展开，第一环节是导入课题，构建生活中的经济现象与课题之间的联系。引导学生观察、汇总身边的与财政有关的经济现象，以市政府实事项目为支撑材料，在此基础上归纳出他们的共同特征，即获得财政的基本特征，认识财政的含义。

在课堂教学中，学生表达的信息量很大，例举了许多和财政有关的经济现象，也有部分模棱两可和无关的现象，这是学生的认知起点也是教学的起点。将学生例举的经济现象分类呈现在黑板上，便于进行归纳和整理。同时结合市政府的实事项目，引导学生概括和归纳。虽然部分学生对财政的认识有一些偏差，但是经过引导和交流后，大家都能从具体的财政现象归纳出财政的主要特征：是以国家为主体的分配形式、具有公共性。

了解学生的认知起点是设定教学目标和开展有效教学的前提和基础，只有知道学生"在哪儿"才能更好地引导学生"到哪儿"。以这样的方式进入课题在逻辑上并没有什么问题，但是总感觉思维含量不是很高，如果将这一环节前移至课前或上一堂课，在例举财政现象的基础上再追问：关于财政提出一个你最想了解的问题、国家财政可能存在什么问题等。增加追问能引导学生更深入地理解主题，主动去探究问题，充分获取和利用学生的已有认知，是我们教师在实施课堂教学过程中必须面对的问题。思想政治课的教学是离不开也不能离开学生生活实际的，尤其在信息化时代，学生获取信息的渠道、解决问题的方法比教师可能更多。因此，基于问题的教学，教师要明确学生的问题、教材的问题、课程的问题，找出关联点开展教学。

第二环节是教学的重点。通过讨论、交流等形式概括总结知识，培养学生的思维品质，提高思维能力。设置问题并给学生思考的空间，结合相关材料引导学生开展讨论交流达成目标。

此环节的教学思路是以问题结构逻辑构建教材知识逻辑，从学生的"最近发展区"依次递进设问，经试讲调整后将问题设置为：国家通过哪些渠道获取财政收入？怎么保证这些收入？财政收入与哪些因素有关？最关键因素是什么？如何保证财政的增长？同时将摘录的文字资料和形象的图表资料呈现给学生，供学生讨论交流。

上述这些问题和材料不是一次性呈现给学生的，而是根据理解知识的进度和"基于系统思考的知识建构策略"以思维导图的形式让学生主动提出这些问题、解决问题，教师将问题和结论以关键词的形式将学生讨论的成果在黑板上呈现出来，与学生共同构建出知识的框架及其内在的联系。事实证明，学生是有能力建构知识逻辑的，即使有偏差，在老师和同学的追问下也能够纠正到正确的轨道上来。在本环节的教学过程中，由于摘选的材料略显单薄，学生的思维深度和宽度受到了限制，虽然建构出了知识框架，但可能使一部分学生的认识集中在形象化的思维导图上，停留在知识的表面上。因此，提高学生的思维能力和思维品质是需要有高针对性和较为丰富的材料为载体，与教学目标的实现具有高度的一致性，而不是天马行空式的自由发散联想。这为我以后改进教学积累了经验和教训。

第三环节是问题的递进，通过阅读材料引导学生发现问题、分析问题、解决问题：预算中为什么有财政赤字、怎么弥补财政赤字，认识财政收支的一般原则。

这部分的教学内容是第二环节的延伸，虽然不是教学的重点，但这是一种普遍的财政现象，学生自然能发现财政赤字现象。但是针对如何弥补赤字，需要教师进行引导，树立正确的财政观念。我以政府工作报告中关于财政收支预算和财政赤字的内容引发学生的思考：为什么会有财政赤字、可能有哪些影响、怎么减少或弥补赤字。这有助于学生对国情的认识、对国家政策的认同。

发现问题、分析问题、解决问题是促进学生发展的重要能力，也是培养学生批判思维、辩证思维和创新思维的重要方式。课堂教学达成知识目标固然重要，但是提高能力、掌握方法、体验过程更能促进学生的全面发展。这就要求教师主动转变教学方式来促进转变学生的学习方式，根据学生的学习需求转变自己的教学方式，切实提高教学的效益。

第四环节是知识运用、提升的环节，是本课教学内容的重点和难点。通过构建经济现象与财政知识、经济政策之间的逻辑关系，进一步理解经济政策、达成共识，提高运用能力。

这部分的教学是让学生在阅读教材的基础上以举例的方式进行自主探究，按照财政的作用（某一方面）——例证（对象、怎么产生作用）——发挥财政作用的逻辑顺序将理论和事实相结合，培养学生的知识运用能力，同时对国家的经济政策有更好的理解，也能提升学生的国家认同感。

这是这堂课提升学生思维能力的亮点，但是由于时间分配的原因导致学生思考的时间不多，过于仓促。只有两组学生进行了交流，受益面不够广。因此，完整的一堂课应是各个环节合理分配时间、有效衔接以及有机联系的整体。

整体而言，本节课基本达成了预设的教学目标，教学过程较为流畅。但是教学改进是一个永恒的话题，在当前以核心素养为目标的学科教学中，课堂教学的内涵也在发生着变化，不断学习和转变教学观念、实践和探究教学方式，建设真正的"智慧课堂"。

四、研究小结

在思想政治的课堂教学中培养和发展学生的学科核心素养将是政治教师的责任和担当。站在思想政治课程的高度，必将激励政治教师提升专业发展水平、提高课堂教学水平，切实发展学科核心素养。

学生学科核心素养的培育需要不断提升教师素养。以课堂教学素养为例，学生学习方式的转变在一定程度上倒逼教师转变教学方式，教师的课堂教学必须适应并主动学习和运用不同的教学策略改进教学，在实践中以"智慧课堂"

的理念实现教学的有效性。同时,教师需增强教师技术素养和更新知识的能力。技术改变课堂教学,完善知识结构使教师上课更有底气。开展《财政及其作用》教学,教师还需从不同维度了解财政的知识,如财政的发展历史、中外财政的对比、不同发展阶段上的特征、财政的现状、财政政策发挥作用的过程等,结合教材知识形成知识模块构建相对完整的知识逻辑。

学生学科核心素养的培育需要形成丰富多彩的课堂文化。课堂文化是在教师长期的教学过程中形成的,是学校办学理念、教师教学理念和教学行为的集中体现,是师生认同并遵守的理念和准则。在当前,课堂文化的建设应以培育学生学科核心素养为主体,思想政治课程的课堂教学需要教师更新教学理念和转变教学行为。《财政及其作用》一课,试图从现象到本质、问题到探究、零散到逻辑展开教学,探索有价值的教学行为,改进今后的教学。

参考文献

[1] 周增为. 课堂里的沉思 [M]. 上海社会科学学院出版社, 2006(8):14-119.
[2] 杨振峰. 聚焦核心素养的智慧课堂探索 [M]. 上海科学技术文献出版社, 2017(11):1-17.
[3] 蔡清田. 论核心素养的课程开发与设计 [J]. 上海课程教学研究, 2017(22):11-15.
[4] 普通高中思想政治课程标准（2017 年版）[R]. 人民教育出版社, 2017:1-62.

扩展思维,展望未来

——《探索未来职业世界》课例研究

□ 刘玄佛

摘要: 以知识的深度(简称DOK)作为研究本课例的基础,讨论如何将引导学生深度学习的提问方式与生涯教育联系在一起,并在教学实践中进一步深化。

关键词: 知识的深度 DOK 生涯教育

一、研究背景

知识的深度(depth of knowledge,简称DOK)模型是韦伯为了建立期望与评估之间的一致性而提出的,表征的是学生应该理解的知识深度。知识的深度模型可分为4个层次,依次为DOK1:回忆/复述;DOK2:技能/概念;DOK3:战略思维;DOK4:扩展思维(参见表1)。每个层次反映了完成任务所需的不同水平的认知期望或知识深度。随着学生所表现出的知识层次的增加,学习也不断深化。其中,DOK3和DOK4被认为是深度学习层面的基本能力。

知识的深度模型细致全面地描绘了深度学习在认知领域的具体能力,尤其是问题解决能力,这不仅为评价提供了详细的指标,也能为实际教学予以有效指导,促进教学水平的优化。

表 1 知识的深度量表

知识的深度层次	定义	评价指标
DOK1 回忆/复述	能回忆出事实、信息或过程，并处理低级别的信息	·解释简单的概念或常规程序 ·回忆元素和细节 ·回忆事实、术语或属性 ·进行基本计算 ·对有理数排序 ·识别简单现象的科学原理 ·标记位置 ·描述某地或某人的特征 ·在阅读中识别比喻语言
DOK2 技能/概念	能利用信息或概念，并能完成两步以上的任务	·解决常规的多步问题 ·描述重要的模式 ·根据简图解释信息 ·根据数据和条件提出问题 ·为对象分类 ·解释关系 ·应用概念 ·能组织、表示、解释数据 ·根据上下文解释陌生词汇 ·描述特定事件的原因及结果 ·预测逻辑结果 ·识别事件或行为的模式
DOK3 战略思维	具备逻辑推理的思维能力，能制定复杂的计划	·解决非常规问题 ·解释复杂图形中的信息 ·根据概念解释现象 ·用细节和事例来支撑想法 ·能为复杂情况制定科学模型 ·从实验数据中得出结论 ·编译多个来源的信息以解决特定问题 ·开发逻辑参数 ·识别并证明答案 ·识别作者的意图并解释原因
DOK4 扩展思维	能通过调查、思考解决受多种条件影响的问题	·设计并解决问题，报告结果和解决方案 ·整合想法成为新的概念 ·批判实验设计 ·设计一个数学模型以解决实际问题 ·跨情景迁移 ·整合多个来源的信息

从以上 DOK 定义的四个层级，我们可以看出，教师需要根据学生特点和教学内容来设计不同复杂程度的教学活动，推动学生进行深度学习，培养学生的高阶思维和综合能力，提高他们用知识解决问题的能力。

生涯教育的内核与深度学习的理念在变通性、灵活性上有着诸多类似之处。"生涯之道即应变之道",职业生涯的规划不仅仅是要帮助学生找到合适自己的职业,更是掌握生涯规划和发展的能力,从而使其能够在一生中不断地调整,寻求个人最佳的发展。高中生即将面临高考和填报志愿,此时他们在探索自我的同时,也需要了解社会对人才的需求。现代科学技术发展迅猛,社会对人才的要求不断变化,如何为这个变化加剧的时代做准备是当今年轻人的一大难题。因此,本节智慧课堂即是想通过观看视频、讨论与分享等活动让学生大胆想象未来 20 年的就业形势、社会需求,帮助其思考个体在变化迅猛的时代如何发展自我。在实践教学中,教师的提问方式和教学情境的设计影响了学生思考的深度,最终指向高阶思维和综合能力的培养。

二、简要教学设计

(一) 教学目标

1. 通过事先提供的视频资料,自行查阅信息,探索未来世界职业变化趋势。
2. 分析可能消失的职业和可能新兴的职业的共性,进一步深化对未来人才核心竞争力的理解。
3. 思考在变化迅猛的时代,作为高中生如何加强自身素养和能力。

(二) 教学准备

"人工智能的崛起"视频、"这是一个变化的世界"视频、PPT、课前作业、课堂作业纸等。

(三) 教学设计

环节	内容	学生活动	DOK 提问 / 活动技巧
课前准备	人工智能的崛起——视频	学生观看视频,在课后完成课前作业——20 年后可能消失或兴起的职业(每人写一个,并附上理由)	课前准备是以搜索信息、整合信息为主的作业,把相关话题放在课前可以大大省在课堂中的浅层思考和讨论,将课程重点放在 DOK3 层级上。

（续表）

环节	内容	学生活动	DOK 提问/活动技巧
视频导入 （5分钟）	这是一个变化的时代——视频 提问：看完影片之后你有怎样的情绪体验？	学生观看视频、感受到强烈的视觉和认知冲击，表达内心的感受和想法，逐渐进入课程的中心问题。	激发本课学习动机，意图是引出本课的核心主题：在这样一个变化加剧、知识爆炸、技术升级的时代，我们该如何应对？
未来职场变化 （20分钟）	分享作业：未来20年可能会兴起的职业/未来20年可能会兴起的职业 讨论：寻找这些职业的共性	学生通过聆听他人的想法，进一步加深对未来职业世界的思考，分析这些职业的共性。	学生进一步深化对未来人才核心竞争力的理解。在这一环节："你将如何分类？它们哪里相似？哪里不同？"是DOK2层级的提问；"你能否预测如果……，结果会怎样？你能详尽说明……的理由吗？"是DOK3层级的提问。
未来准备？ （15分钟）	讨论：我们能够做些什么，帮助自己应对变化飞速的世界？	学生结合前两个活动，思考、探索实用并有效的准备途径，并各组派代表分享。	学生学会未雨绸缪，在变化中成长。"你为未来会作哪些准备？""基于未来的变化，你将如何探索匹配自身特质的职业？"是DOK4层级的提问。

三、课堂实录与反思

（一）精彩的学生反馈

在基于DOK理念的问题设置下，学生在讨论中生成了不少有见地、有深度的答案。

学生1

刚刚许多小组提及了可能兴起的有机器人、AI和基因工程相关的高科技行业，我们小组则认为：高科技不仅意味着科技发展与经济进步，同时也带来各种新的伦理风险。因此"伦理学"这一学科可能渐渐兴起，因为这一学科可以解决伦理冲突与道德抉择这类难题。

教师回应：

同学们能想到这一点说明大家对平日的学科学习已不仅仅局限于书本和题目本身，逐渐联系到了社会生活和未来发展。的确，有些高科技带来的可能性一旦变成现实，就可能会对现存的伦理价值带来具有革命性的冲击，例如基因编辑和冷冻遗体等。科技发展与伦理道德的冲突并非科技的罪过，人类再历史上不止一次地打开过"潘多拉"的盒子。因此，在发展科技的同时我们需要反思人与自然的关系、科技与社会的关系。

学生2

我们组认为"戒网瘾"这一行业可能会兴起，因为随着科技的发展，越来越多人依赖手机、电脑等电子产品，好像没了它们就活不下去，而他们的意志力有不足以抵御网络的诱惑。所以，对于网络的使用和监管这类问题需要等多关注。

教师回应：

在今天的社会，人们已经离不开互联网了，可以说我们真的是离了它们就活不下去。因此，所谓完全断网的"戒网瘾"是没有任何意义的。我想，大家所说的"戒网瘾"提醒我们做任何事情都必须有节制，我们需要思考如何提高自己的自我管理能力、自控力、意志力。

学生3

老师，我们小组认为未来最重要的是保证自己的身心健康，因为身体是革命的本钱。虽然现在我们还年轻，但我们不能把健康的身体当做挥霍的资本。自我管理中很重要的一部分就是健康管理，学会如何锻炼身体，坚持健康的生活习惯，还有保持乐观的好心态是终生学习、进步的基础。

教师回应：

感谢你们组的分享，都是很棒的建议。过去，我们往往只有在生病的时候才意识到健康的重要性，而现在整个社会都逐渐意识到健康的功夫要下在平常的每一天，而不是生病之后再去用力。健康的概念包含了锻炼、饮食、休息等等，这其中的每一项都需要学习与实践，越是日常的细节越是需要坚持。

学生4

科技的进步使我们的生活变得更美好，但是与此同时我们的道德水平也要跟上科技的发展。学习知识，提高自己的竞争力固然重要但不是全部，更重要的是我们如何将科技成果运用在造福人类上，而不是将它作为工具满足我们的贪欲，甚至是用来互相伤害、犯罪。如果我们仅仅看到了经济数值的增长，而忽略了道德和文明，哪怕是高度发达的科技也拯救不了我们。

教师回应：

感谢这位同学的发言，你的回答很好地补充了我们刚刚没提及的部分，作为高中生，大多数同学更多考虑的是个人未来的发展，而你却有家国天下的情怀，着实值得大家学习。伏尔泰曾经说过"工作使人远离3种罪恶：无聊，恶习，匮乏。"的确，如果未来我们能做的工作越来越少，失业率越来越高，这就肯定不是简单的个人经济问题，家庭幸福问题，而可能促成严重的社会问题。

（二）欠缺的部分

兴起和消失的职业冲突时，未给学生空间让他们讨论彼此的观点，整个课堂中教师的引导性较强。例如有学生认为医生、老师、模特会消失，另一些人认为不会消失。观点的碰撞本可以作为这节课的亮点，如果他们听到一方的陈述，不好意思说自己的。教师可以引导："我刚听到你们说了…可不可以表达你的看法呢？"这也是引导学生进入DOK3层级讨论的一个入手。

四、研究结论/小结

（一）设计DOK任务，注重层层深入

从检测和评价的角度，学生在参与和完成不同的DOK任务需具有相应不同的认识水平和思维层次。DOK任务的最终目标指向是学生高阶思维的运用，然而高阶思维的运用是以低阶思维为基础和起点的。因此，在设计活动时，可以将课前的自学部分、准备部分的重点放在DOK1和DOK2上。提前的准备可以帮助学生们在课堂中层层深入，从而更容易进入DOK3或DOK4的层级上。

一般而言，心理课（生涯课）很少有课前作业，但是在本节课的设置上，我发现正是由于课前的准备和思考，才能启发学生在课上更高阶的讨论。所以，这是一项可以进一步广泛推广的举措。

（二）以实践成果为抓手，培养高阶思维

在本课的目标设置上，以思考和分析为主。因此，在知识深度上，仅达到

DOK3 的水平。因此，在未来的课程中，还需要加强如何进一步研究如何设计具有挑战性的活动，达到第四层次的问题，促进学生课堂深度参与。

在美国教师使用 DOK 理论时，常常会让学生以综合活动获取的显性化的成果作为课题作业，如模型、小报、课本剧等，从而反映学生的综合性高阶思维，培养学生的动手实践能力和创新能力。因此，在设计课程时，我们也需要将教学目标的设置从思考层面升级至实践层面，让学生们真正将生活世界与学习内容紧密联系起来，以达到课堂的高效性。

（三）加强对深度学习的本质认识，构建科学全面的评价标准

由于深度学习的多元性和抽象性，使得目前尚没有一个统一的标准评价范式。因此，必须加强对深度学习的本质认识，仔细辨析深度学习与其他学习概念的区别，以构建起全面、科学、统一的评价标准。

宋春燕（2017）在《美国高中生涯辅导探究》曾提及以密苏里州为例基于"知识深度（DOK）"的生涯发展目标与评价标准。（下图）在表中我们可以发现，

第一个生涯大目标：运用生涯探索和规划能力以实现生涯目标				
概念	GLE——9 年级	GLE——10 年级	GLE——11 年级	GLE——12 年级
A. 将自我知识整合进行生活和生涯计划	将个人当前的优势不足与个人生涯和教育计划进行比较，必要时调整计划 DOK：Level 3	当前的生涯与教育计划涉及到新兴趣、优势和不足时，就需要重新审视 DOK：Level 3	分析完成当前生涯目标所需要的教育培训和个人特征，把这些特征与自己拥有的特征作比较 DOK：Level 4	运用工作世界知识、个人兴趣、优势和不足来制定长短期计划和高中后计划 DOK：Level 4
B. 适应工作世界和技术变化	认识 6 条生涯路径中的 16 个职业群，为当前和未来职业进行探索和作准备 DOK：Level 2	评估各种资源，帮助当前和未来生涯探索和规划 DOK：Level 3	运用各种资源帮助生涯探索和规划 DOK：Level 3	工作世界和技术变化时，运用生涯探索和规划知识来适应新出现的生涯和教育机会 DOK：Level 4
C. 尊重所有工作	当学校和社区与个人生涯和教育计划相关时，要分析和评估其作用 DOK：Level 4	当学校和社区与个人终身生涯目标相关时，要分析和评估其作用 DOK：Level 4	作为生涯选择的一个结果，确定个人价值观对于工作世界的助益 DOK：Level 3	尊重所有工作对保持全球化社会都是重要的、有价值的和必要的 DOK：Level 4

每个年级中 DOK 水平的要求都不同。此外，表中还显示，高中各年级大多数能力水平要求都是 level3 和 level4，即策略性思维和拓展性思维，都是关于思维方面的要求。总之，DOK 模式将标准与评价相统一，既作为生涯辅导实践的指导，又是对学生评价的指标。这种一致性便于生涯辅导活动规范有序地进行，同时便于测量学生发展水平和评价实施的效果。

好的评价方式不仅仅能表征出社会需要的深层知识，测试出学生的真实能力，更应该给予教师和学生有效的指导反馈。而我国生涯教育现尚未建立健全统一的评价体制，在一些有评价机制的学校仍以功利取向为主，仅关注深度学习的评价效果，忽视了评价的发展性功能。

因此，要更关注表现性评价和形成性评价在深度学习中的应用，促使教师为深度学习而教，学生为深度学习而学。

参考文献

［1］ 张浩，吴秀娟，王静. 深度学习的目标与评价体系构建［J］. 中国电化教育，2014(7)：51-55.

［2］ 戴歆紫，王祖浩. 国外深度学习的分析视角及评价方法［J］. 外国教育研究，2017(10)：45-58.

［3］ 宋春燕. 美国高中生涯辅导探究——以密苏里州为例［J］. 中小学德育，2017(7)：22-26.

智慧奔跑　定向人生
——《定向越野跑》课例研究
□ 田　来

一、研究背景

目前基于学生核心素养培养的教学改革正在如火如荼地开展，要求充分发挥课堂教学的主渠道作用，通过智慧课堂来培养学生的核心素养。体育课作为学生健身育心的主阵地，也应当围绕"基于问题、基于情景、高阶思维、高效互动、富有人文"五要素来进行探索，提高体育课的智慧含量。定向运动是一项集智能和体能于一体的运动项目，其在健身育人方面的价值是不言而喻的，但如何将定向运动引入体育课堂，挖掘项目本身的智慧内涵，借此培养学生的核心能力呢？

二、简要教学设计

（一）相关分析

1.教材分析

定向越野跑是高中《体育与健身》教材基本内容Ⅰ中的教学内容，该教材具有很强的知识性、趣味性和挑战性，经常参加该项目不仅能够强健体魄，而且能培养独立思考和解决困难的能力。本课是单元教学的第二次课，主要是让学生在能够辨别方向，会标定地图的基础上，学习读地图上的检查点说明表，能在地图语言的指示下找到检查点。重点是读懂检查点说明表。难点在于图地对照，快速准确地找到检查点。

定向越野跑单元教学问题链

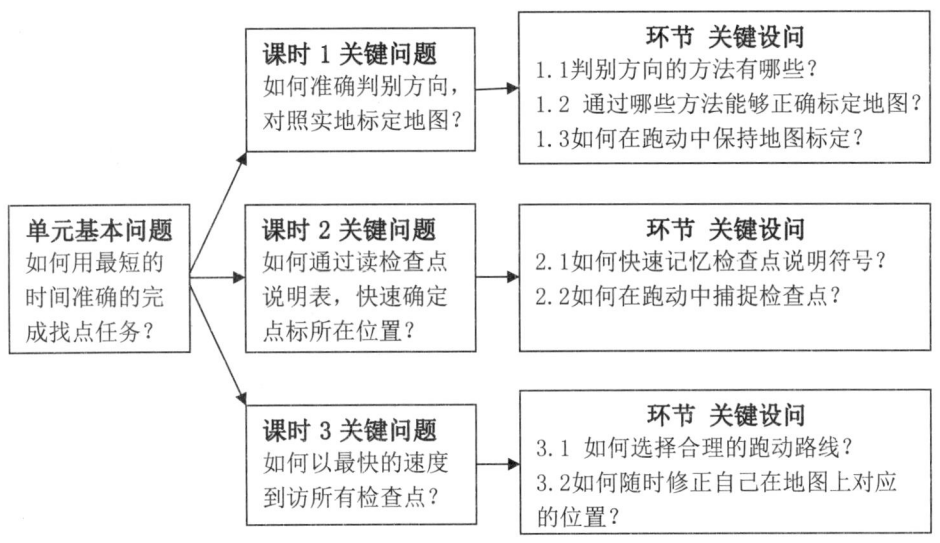

2.学情分析

本次课的授课对象是高一年级男生，他们热爱运动，乐于接受挑战。经过上次课学习，该班学生已经初步掌握了图地对照和辨别方向的技能，因此在本次课要通过百米定向比赛进一步强化。此外该年龄段学生已具备独立思考、分析和判断的能力，能够通过实践总结出捕捉检查点的方法，因此在学习过程中要为他们提供自主实践的机会，培养其探究学习的能力。

（二）学习目标

（1）经过学习和实地体验，90%以上的学生能够正确读出检查点说明表的示意，并能通过合作找到检查点。

（2）参与各种定向比赛，感受体力和智力的双重考验，承受中等以上的运动强度，发展奔跑能力和心肺功能。

（3）在定向比赛过程中能主动与同伴交流、相互配合、相互信任，共同完成任务，在找点时表现出果断、自信的心理品质。

（三）教学过程及策略

1. 准备部分

首先安排小组长带队绕操场上布置检查点的椅子慢跑，组织"抢椅子"游戏，使学生集中注意力，提高反应速度，激发学习兴趣。随后利用椅子做拉伸和跑的专门性练习，针对主要关节和肌肉进行热身，为主题内容学习做好充分的身心准备。

2. 基本部分

首先安排学生进行百米定向比赛，复习辨别方向和标定地图的知识技能，以小组为单位进行组际对抗，看哪组又快又准确的跑完全程，运用 iPad 记录比赛时间和跑后的即时心率，介绍通过心率检测运动强度的方法。

随后运用多媒体讲解如何读检查点说明表，启发学生运用分类、象形的方法记忆定向符号。引导学生小组合作读图，以小组为单位进行找点实践体验，利用教师提供的定向图，找到预先布置好的两个点，并根据布点位置，填写完成检查点说明表。回到终点后参照正确答案修改检查点说明表。随后小组间交换地图，按照图上所示，每组找两个点标，并将点标旗带回终点。

接下来组织学生开展定向越野团队赛，完成比赛后通过脉搏测即时心率，并将比赛用时、正确率、各自的心率等数据，通过 iPad 上传到问卷星网，根据问卷星网上统计的数据评价比赛情况。比赛结束后引导学生进行评价和交流，归纳检查点卡片上词语的含义，重温社会主义核心价值观和上海城市精神。

最后利用椅子进行体能练习，通过坐位举腿、头低脚高的俯卧撑、在椅子上仰卧平衡、支撑举腿等练习，发展学生腰腹力量和上肢力量，培养学生坚持不懈、永不放弃的意志品质。

3. 结束部分

采用集体跳舞的方式进行放松，在趣味丛生的情景中完成身心放松；点评整堂课的学练情况，激发学生再学习的热情。

三、课堂实录与反思

（一）课堂实录（主教材）

1. 学习

集体观看教学课件，结合观察校园环境，记忆定向点标符号，理解检查点说明表的示意。抛出问题"如何快速记忆检查点说明符号"。引导学生将分类、象形等记忆方法归纳出来

2. 练习

练习之前抛出问题"如何在跑动中捕捉检查点"，让学生带着问题进行练习，学生以4人小组为单位利用教师提供的定向图，找到预先布置好的两个点，并根据布点位置，填写完成检查点说明表。回到终点后参照正确答案修改检查点说明表。随后小组间交换地图，按照图上所示，每组找两个点标，并将点标旗带回终点，练习的过程中要求每个学生积极参与，提出建设性意见。

3. 比赛

学生以4人小组为单位进行比赛，根据比赛规则，按地图上标出的顺序依次找点。要求每个小组4名同学一起奔跑找点，1名同学负责拿图，1名同学负责拿旗粘贴条，1名同学负责拿秒表计时，1名同学负责拿iPad拍照（要求出现3名同伴和检查点卡片），完成比赛后通过脉搏测即时心率，并将比赛用时、正确率、各自的心率等数据，通过iPad上传到问卷星网，根据问卷星网上统计的数据评价比赛情况。

（二）反思

（1）定向越野比赛是在小组合作下完成的，个别小组会因为成员间的体能差异较大而出现分开跑步的情况，因此在比赛环节要求有一名同学负责拍照，这样不仅可以使小组成员统一行动，而且可以判断出找点顺序是否正确。

（2）由于定向越野比赛是在本校进行的，学生对校园环境比较熟悉，会出

现不认真读检查点说明表就直接跑点的情况,因此在设定检查点时要增加难度,在同一地物的不同位置设计几个检查点,让学生通过认真读图来快速确定点标。

四、小　结

定向越野跑在培养学生核心素养方面有着得天独厚的优势,课堂教学中要让学生带着问题参加练习和比赛,通过小组合作完成任务的形式来掌握知识和技能。学生在完成任务的过程中不仅提高了解决问题的能力,而且能够培养团队合作的意识和能力。让学生在体育课中实现智慧奔跑、定向人生的目的。

参考文献

[1] 邵朝友,周文叶,崔允漷. 基于核心素养的课程标准研制 [J]. 全球教育展望,2015(8):14-18.
[2] 王涛. 我国青少年体育素养研究综述 [J]. 体育科技文献通报,2014(9):114-117.
[3] 中国学生发展核心素养课题组. 中国学生发展核心素养 [R]. 2016(9).
[4] 王建. 运动技能和体育教学 [D]. 福建师范大学博士学位论文,2004(5):2-7.
[5] 季浏. 我国基础教育体育与健康课程发展趋势 [R]. 2016(10).

用情感体验，促进美的升华
——《韩熙载夜宴图》课例研究
□ 王聪颖

摘要：高中艺术课以鉴赏为主，而中古十大传世名画又是值得学生去了解和掌握的，在中国绘画史上有着很高的价值。高中生已具备了一定基本的审美和评价能力，对学习艺术知识的兴趣也比较强烈。学生整体的艺术学习氛围很好，能积极参与投入，也具备一定的课题探究能力。基于这些条件，引导学生从作品本身出发，多角度深入解读作品，并在多样的体验活动中感受其独特的艺术魅力，学习并运用身边的资源进行艺术鉴赏和创作实践。此节课本人通过对教材内容的创新解读和对教学内容的创新运用，力图形成"科学、有效、创新"的智慧型课堂。

关键词：鉴赏 韩熙载

一、研究背景

《韩熙载夜宴图》是中国传世十大名画中的其中一幅，无论从历史价值还是艺术价值来说都是无可替代的，对于一个高中生，在有一定的历史知识的基础上再加以引导，会对这幅画有更深层次的理解，这节课也希望让同学们学会欣赏一张画不仅看她的技法，应该结合时代背景，和创作者的精力来一起分析。这才是欣赏绘画的而真正意义和价值。

二、简要教学设计

（一）教学内容分析

　　基于教材中对于中国绘画"形神兼备""以形写神"的艺术风格和艺术思想的阐释，我采用导入、感悟与思辨、体验与理解、交流与分享等环节实施教学。希望通过多样、综合的教学方式，对中国画艺术有人文高度的认识理解和感悟。

　　充分挖掘教材资源。本单元通过对中国十大传世名画进行较详细鉴赏解读，引导其学习更准确运用基本美术术语评析中国画。结合范作、电影、广告、舞台剧中的信息资源，利用 ppt、实物投影仪及国画工具材料等配合课堂教学。实践通识教育，引导以跨学科的视野鉴赏作品，整合多学科知识，养成艺术通感能力来鉴赏作品。同时力求从问题设计着手，精心设计教学环节，促进学生"高阶思维"实现学生学习方式和教师教学方式的两个转变。

　　在体验交流中，激发其创意灵感，动手创作自己的作品，培养艺术创造能力。

（二）学情分析

　　高中艺术课以鉴赏为主，高中生已具备了一定基本的审美和评价能力，对学习艺术知识的兴趣也比较强烈。学生整体的艺术学习氛围很好，能积极参与投入，也具备一定的课题探究能力。基于这些条件，引导学生从作品本身出发，多角度深入解读作品，并在多样的体验活动中感受其独特的艺术魅力，学习并运用身边的资源进行艺术鉴赏和创作实践。此节课本人通过对教材内容的创新解读和对教学内容的创新运用，力图形成"科学、有效、创新"的智慧型课堂。

（三）教学目标

【知识与技能】

　　初步认识《韩熙载夜宴图》的文化内涵和艺术魅力，提升对中国传统绘画艺术的认同感。

【过程与方法】

在观画、读文、联史、体验的过程中了解《韩熙载夜宴图》的艺术特色，运用所学的鉴赏知识尝试对作品进行赏析。

【情感、态度与价值观】

在解说、讨论、赏析、活动中，感悟《韩熙载夜宴图》的情境、人物情感的表现手法，感受中国人物画传神写照的审美特点。

（四）教学重点和难点

【重点】 从文化内涵和艺术魅力的角度初步认识《韩熙载夜宴图》。

【难点】 理解中国人物画传神写照的审美特点。

（五）教学技术运用

【器材】 实物投影仪等。

【课件】 范作、教学课件、相关资料等。

三、课堂实录与反思

（一）感受作品

展示《韩熙载夜宴图》全图摹件，学生自由观看，分组领取任务单。

播放《韩熙载夜宴图》动态视频。

★提问：刚才你是按照什么顺序欣赏这张作品的？

生：从右向左、从左向右、从中间向两边。

师：正确的观看方法应该是从右向左看，这种方式主要受中国古代由左至右的书写形式影响，当时没有桌子，席地跪坐，左手凭空托简册，右手执笔书写，从右向左边写边展开，这种方法在中国长卷中得到运用。

（二）感悟与思辩

1.《韩熙载夜宴图》基本信息介绍

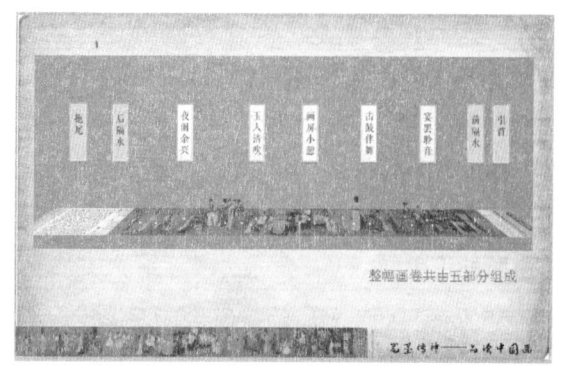

★提问：整幅画卷表现了夜宴的五个场景，初步观看了整幅长卷画，现在我们每一小组的桌上也有部分的图例和资料，我们先用两分钟的时间欣赏我们小组的图例和阅读你们的学习资料，然后告诉我，你觉得他们在哪里？他们在干嘛？画中的主人翁又是谁？为什么你觉得他是主人翁？

学生1：主人翁是韩熙载，这是在他家，正在开宴行乐。

学生2：指出主人翁韩熙载，因为他气宇轩昂、气质不同。

学生3：因为韩熙载造型上比其他人物形象大。

师：在中国的壁画、人物画的发展史当中，绘画者会有意的、主观的把主要人物造型放大，用来凸显主题，这也是中国画区别于其他画种的一种特有的传神的表达。

我给大家说说第一个场景，同学们分成四个小组，每个小组认领一个场景，在你们的联文、欣赏、讨论中，我们一起来走进这张画作。

2. 分段分析

【第一段 宴罢聆音】

师：韩熙载与状元郎粲坐在床榻前的榻上，其他宾客或坐或立，聚精会神地倾听李姬的琵琶演奏。众人紧凑的圆形构图，表现出主人韩熙载和宾客在乐声中情感交融。我们可以看到宴会的家具、瓷器、服装等基本都可以感受到这场宴会的雍容华贵，尤其是床榻和瓷器，我们之前就有学习过，瓷器在唐代只有达官贵人、皇宫才能使用的。

★提问：身处奢华的宴会，又是自己办的，我们现在局部放大，来看看韩熙载的表情，觉得韩熙载表达了什么样的情感？画家又是怎么处理这种情感的？

学生1：神情郁郁寡欢，仿佛心事重重的样子。

学生2：眉头是紧锁的，不太开心的样子。

接下里，我们就认真赏析我们的图例，并且讨论你们的图例中画的是什么内容？画中主角韩熙载的表情又是怎么样的？画家又是怎么处理这种情感的？感受中国人物画传神写照的审美特点。（用简短的一句话概括）

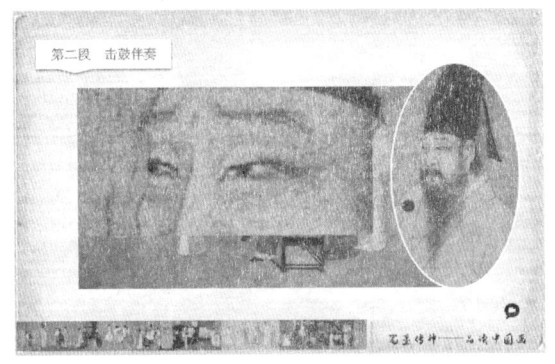

【第二段 击鼓伴奏】

学生1：韩熙载换了便服，手拿鼓槌正在打鼓，周围有人用手打拍子，有人拍板子，配合一个女子的舞蹈。

学生2：韩熙载依旧眉头紧缩，表情也是比较牵强，不太高兴的样子。

【第三段 画屏小憩】

学生1：在这一段画面里，韩熙载由四位乐伎陪伴坐在榻上，旁边的卧床上，被子散乱，再次强化了一种不拘礼节的气氛。一位女子在服侍韩熙载净手。与前面的场景相比，这段画卷内容比较单一。画家安静地描绘了韩熙载与家伎们的生活细节。围屏背面大面积的纯色，使观者得到了视觉上的休息和情绪上

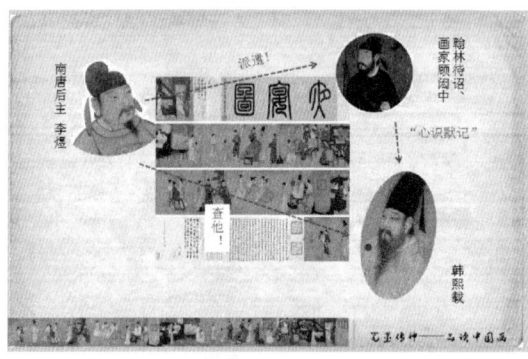

的舒缓。

学生2：还是不开心，眼神低落，不知望向何处。

【第四段 玉人清吹】

学生1：韩熙载盘腿坐在禅椅上，袒胸露腹，手拿方扇，与一位乐伎交谈。旁边的两位侍女也听得入神。

学生2：表情像在说宴会怎么还不结束，不对啊，这好像是我办的宴会啊，笑不出来，就是不开心。

【第五段 夜阑余兴】

学生1：从第一段到最后一段的场景，家具逐渐减少，而人物之间的关系愈加亲密。宴会即将结束，宾客们都酩酊大醉，和歌姬调笑。

学生2：韩熙载依旧一脸忧郁，眼神茫然，独自站在画面的中间，下意识地挥手送客。与其是送别，还不如是失落彷徨，难以排解他心头那挥之不去的苦闷呢？

★提问：如此热闹的场面，但我们的主人翁韩熙载却是愁苦的表情，为什么？

看完全图，之前我们也欣赏了一段视频，都可以感受到宴会是热闹的，奢华的，从宴会开始直到结束，画中的韩熙载共出现五次，两个为立像，三个为坐像。韩熙载都是情绪低沉，丝毫没有宴乐欢快的心情。与周围歌舞升平的宴乐场景显得那么的格格不入。为什么呢？这张画作到底是在什么样的时代背景下作的呢？

作为一个高才博学的举世能臣，却生不逢时，还要担心国主的猜忌，违心的躲进声色犬马里以求自保，韩熙载经历着何等的愁苦。画家顾闳中以精微的观察，深厚的功力，心识默记，描绘了一位处于宴乐氛围中却存有忧患意识的士大夫形象，再现了南唐官吏仕人的风雅情致，却又透露了其时官场政治斗争的风云险恶；出色地作出了一份官场现形的"汇报材料"，也为中国美术艺苑留下一幅流光溢彩的旷世经典。

（三）体验与理解

试做一张"眼神传情的韩熙载"，体验中国画传神写照的表现力，感受中国画线条的情感魅力。东晋画家顾恺之认为"传神写照，正在阿堵(指眼睛)中"，主张人物传神，重视点睛。

★我们一起来研究"眼神传情的韩熙载"是如何表达的？

示范愁苦的眼神的画法。

分别以硬笔或毛笔勾描，临摹和改画添加韩熙载的眼睛。

感受中国人物画传神写照的审美特点。

出示范图，分发材料，展示数例用线有特色的作业让学生简略讲评，说说其优。

（四）作业呈现

四、小结

今天我们赏析了中国古代十大传世名画之一的《韩熙载夜宴图》，通过对具体人物、事件的"写照"，深刻的"传神"了社会时代，是中国传统人物画"成教化、助人伦"的文化精神的经典杰作。也以我们自己的笔，体验了中国画"传神写照"的高妙。

通过这节课，我们欣赏了一件优秀的中国传统人物画作品，了解到中国传统绘画"画外有话"，欣赏中国画切忌不能就画论画，而一定要结合画作当时的时代背景、画家的个人经历等来综合赏析。

同时，我们也了解了中国长卷画的观看方式，下课后请同学们按照小组，按照正确的欣赏方式，再来一起好好欣赏这张画作。

（一）基于情境

对于美术来说，情境是最容易产生的，也是最有代入感的，画面中的情境是最直观也是最直接与观赏者产生共鸣的，我采用情境分析的方式，学生们先通过画面去分析画面中的情境，然后小组讨论结合我发的学习资料进行补充，这样可以打破时间缺失，使得同学们对这段画面的历史背景记忆更加深刻，同时也便于理解，每组同学分别有不同的场景，根据自己的场景回答老师提出的问题。

（二）问题驱动下的美术课堂

学生是课堂的主体，问题是课堂的主导，智慧课堂应该是教师主导的课堂变成问题驱动的课堂。而美术是视觉带动下产生的联想与分析，利用画面产生的视觉效果，让学生们根据自己所见进行提问与分析，这种提问方式更加直观和清晰，同学们通过分析画面，讨论总结概括来达到鉴赏目的。

（三）高效互动

整幅作品分为五段，首先让同学们通过画面直观的回答自己看到的，然后结合手中的资料单用精简的语言概括他们在哪里他们在干嘛？画面中主人翁是谁？为什么你觉得是他？这种方式改变了以往教师分析为主的局面，而由学生为主导对画面进行分析和阐述，这样不仅是达成课堂高效互动，同时课可以将学生各学科的知识得到很好的融合，艺术修养不仅体现在艺术方面，而是在艺术面前你的综合素养的体现才是至关重要的。

（四）精神传承

苏轼曾说过："读书不多，画则不能进于雅；观理不清，则画不能规于正。"

我经常和学生体起欣赏一幅绘画作品不能只看他的技法或是画面效果，而是要结合时代背景，画家本人的经历去综合分析，才算是解读这张画的关键，这就体现了观赏者的综合素养，你读的书你学的知识在你欣赏一幅绘画作品是都可以体现出来，或者在你创作一幅艺术作品时，你内在的素养在你的作品中都会呈现出来。

时代在发展，科技在变革，过了时的东西会被淘汰，但那沉淀在历史长河和现实生活中熠熠生辉的艺术思想和人文精神，是每一堂课，每一个时代，每一个人所需要传承的，那远比绘画技法本身重要得多，这便是艺术的意义和价值所在。其实每一节艺术课，收货满满的不仅是学生，作为一名老师，我也收获很多。

参考文献

［1］ 屈玫均. 关于韩熙载夜宴图绘画写实性的研究运用 [D]. 湖北美术学院：工笔画研究，2010.

［2］ 赵耀. 从韩熙载夜宴图到中国屏风画与流变——浅析中国屏风绘画发展 [D]. 西安美术学院，2009(3).

［3］ 白雪. 从韩熙载夜宴图看传统绘画空间的意象性 [D]. 山东大学，2014.

高中鉴赏教材之音乐课例研究

——以《走进复调音乐》为例

□ 宋丹妮

摘要： 如今，世界教育在改革发展，我国的教育也在力争不断地完善。在这种契机下，新课程改革就是我们当下最紧迫的事。而发展新课程所追求的就是智慧教育，就是要让校园、让课堂、让教师和学生像沐浴阳光一样沐浴知识、能力与美融为一体的智慧。国家督学成尚荣教授指出："课堂教学改革就是要超越知识教育，从知识走向智慧，从培养'知识人'转为培养'智慧者'；用教育哲学指导和提升教育改革，就是要引领教师和学生爱智慧、追求智慧。"所以，智慧不能像知识一样直接传授，但他需要教育活动使学生在学习过程中感悟，受启发。

关键词： 智慧教育 课堂教学改革

一、研究背景

随着社会经济不断的发展，我国的教育事业也呈现出良好的前景。在高中音乐教学上，它作为素质教育改革的重点学科，在基础教育和高等教育连接的中间阶段起到的作用十分突出。音乐学科能提高学生对音乐的鉴赏能力、创新能力和表现能力，并能通过学习提高其审美能力，使学生在这个过程中不断完善他的自我修养，对其今后发展具有十分深远的影响。音乐教育则是实施素质教育，全面提高学生素质的重要的途径。以音乐课为例，高中阶段主要以欣赏、鉴赏音乐为主，实践活动为辅。当学生已经有了一定的音乐理论基础后，通过其知识分析作品中作曲家表达的意图并理解，是培养其人文积淀、人文情怀和审美情趣的重要表现。古今中外有大量的音乐作品和历史人文有着深厚的渊源，教授音乐知识的同时也与其他学科有着千丝万缕的重要关系，对于他们理解作品有非常深刻的作用。在以音乐理论基础为重要前提下引导学生理解作品，老师首先应该基于问题启发的途径展开，从音乐的基本要素挖掘作曲意图是什么？为什么在这个地方使用技法？以此来分析作品，理解其背后的人文内涵。其次，设计一项活动引导学生积极参与。在音乐课中实践也是必不可少的，表演艺术终归还是以舞台呈现的方式进行展示，让学生以"小组合作学习"方式进行演唱合作或者音乐创编，打破填鸭式教学，而是一切以学生为主体进行自主性探索学习，教师通过这两种方式培养学生音乐的核心素养。引导学生能够自主进行实践后，有三种形式表现：一是在音乐实践中体验美感；二是用音乐作品抒情咏志；三是通过音乐活动怡情养性。

二、简要教学设计

（一）教材分析

基于教材中对于西方文艺复兴时期的音乐风格和写作技法的阐释，我采用导入、音乐欣赏、体验与理解、互动创编等环节实施教学。希望通过多样、综合的教学方式，对复调音乐有深入的理解和感悟。

充分挖掘教材资源。本单元通过对复调音乐中的其中一种谱曲技法较详细的分析，引导其学习使之得到更准确的运用。结合串烧动画、实验动画、器乐作品和合唱作品，利用ppt、钢琴演奏等配合课堂教学。实践通识教育，引导以跨学科的视野欣赏作品，整合多学科知识，养成艺术通感能力来欣赏作品。同时力求从问题设计着手，精心设计教学环节，促进学生"高阶思维"实现学生学习方式和教师教学方式的两个转变。

在体验交流中，激发其音乐创编的灵感，以表演的形式呈现，培养艺术创造能力。

（二）学情分析

高中艺术课以欣赏为主，高中生已具备了一定基本的审美和评价能力，对学习艺术知识的兴趣也比较强烈。学生整体的艺术学习氛围很好，能积极参与投入，也具备一定的课题探究能力。基于这些条件，引导学生从音乐要素的技法本身出发，感受其独特的艺术魅力，学习并运用于艺术欣赏和创作实践。此节课本人通过对教材内容的创新解读和对教学内容的创新运用，力图形成"科学、有效、创新"的智慧型课堂。

（三）教学方式方法与结构

本课教学采用"启发式"教学，"感悟与思辨式""研究体验式""交流与分享式"等学习方法，使学生们从谱曲技法的角度初步认识复调音乐。教学上本人还试图突破教材的宽泛性找准学习重点后，在基础知识构建的同时加强迁移创新能力的培养，故本人在本课设置了利用复调音乐中的技法运用于歌曲演唱中，有效的培养学生音乐创编能力。从而打破传统教学中老师传授为主的作风，而采用以学生为主导的表演形式，调动学生们的想象思维和表现能力。

本课教学主要通过以下几点达成学生梯度性学习能力的提升：导入＞感悟与思辨＞体验与理解＞交流与分享等环节实施教学。努力形成基于问题、基于情境、基于沟通、高阶思维、富于人文的一节翻转智慧型课堂。

三、课堂实录

《走进复调音乐》这是基于单音音乐基础上所开展的本单元第二个课程。这堂课首先我运用的是一个音乐视频作为导入部分，请三位同学根据视频中出现的音乐旋律走向，用"线条"来表示，随后引入本次课的主题。在磨课的过程中，导入部分一开始只通过视频来呈现略显单调并且节奏过快，导致学生几乎无法立刻理解音乐线条的走向到复调音乐三个声部间的关系是如何，经过几次调整后，能清晰的理顺复调音乐的基本定义。本堂课我采用实践和理论相结合的形式，前半节课基于理论基础，给学生讲解欧洲西方早期音乐的特征，复调技法存在于当时大背景下的情况。之后加强学生对于复调音乐其中的一种技法的认识，给他们欣赏了两个（中西各一）音乐作品，为了增加趣味性，使原本较枯燥乏味的西方音乐概念中的复调技法吸引到学生，特地运用了一个动漫实验视频，音乐是《两只老虎》大家耳熟能详的作品，来拉近学生与几百年前音乐之间的距离。之后的两个作品根据其创作时间先后，分别呈现给学生，让其辨别复调音乐中的技法，利用提问的方式在何时出现，出现过几次？学生的反应和回答都非常不错，已经能完全辨别出复调音乐的特征。所以，下半节课的一部分我利用 15 分钟的时间进行实践互动，请全班跟着教师弹奏《欢乐颂》的同时齐唱，先分两个声部进行卡农模仿《欢乐颂》，再分三个声部进行卡农模仿《欢乐颂》。最后，将全班同学分成 A、B 两组，每组同学自选歌曲并进行至少二声部卡农，最后以表演方式呈现。两位同学均表现得十分出色，演唱 + 创编自选歌曲来进行卡农模仿。学生们通过演唱实践，更深入的理解复调音乐并学会利用其谱曲手法实践于现代音乐创作。

四、研究结论

培养学生音乐情感体验能力应侧重阶段音乐课的实际育人功能：学生在兴致所至时能选唱昂扬、欢乐、抒情的音乐作品抒发自己向上向善爱美的志向与感情；在心理失衡时能选听励志、和谐、优美的音乐作品调节情绪和修养性情；在参加集体音乐活动时能有意识地从优秀音乐作品中感悟美德、陶冶情操；能对日常生活中尤其是网络、演出和影视中的音乐作出正确的价值评判。学生对音乐作必要的文化理解，有助于学生从社会发展的角度认识音乐，也有助于学生从音乐发展的角度认识社会。音乐文化理解应包括认知音乐的艺术形式和文化特征；了解音乐与其他艺术的关系；理解音乐发展与社会发展的相互影响，这是我们新环境下智慧课堂所要呈现的内容。

参考文献

[1] 俞振发. 高中《音乐鉴赏》教学的若干思考 [J]. 大众文艺，2014(6):227.
[2] 隋爱兰. 培养高中学生的音乐鉴赏能力 [J]. 华夏教师，2014(10):20.
[3] 王洪伟. 关于音乐乐感及音乐鉴赏教学的探讨 [J]. 教书育人，2014(11):76.
[4] 潘彩云. 让学生爱上音乐——音乐教学要"三重"[J]. 成才之路，2014(12):72.
[5] 杨芳，张英梅. 评分规则在高中音乐鉴赏教学中的应用研究 [J]. 当代教育科学，2014(22):58-60.

"高阶思维"在智慧课堂中的实践反思
——以《循环结构》一课为例

□ 许娉婷

摘要：智慧课堂是通过分析、综合、评价与创造，培养学生的高阶思维能力。高阶思维的课堂教学需要完成重心转换与问题再构两方面变革，课堂教学中创设高质量、高水平问题是发展学习者高阶思维的关键。因此，高阶思维应该是以问题为导向，阶梯式层层递进，环环相扣，通过强化教学细节，注重实例突破，衍生智慧智能，锻炼学生高阶思维，从而让学生达到一个较高的认知水平，以及由此进行进一步的实践应用。

关键词：智慧课堂 教学细节 问题导向 实例突破 高阶思维

一、研究背景

基于学生核心素养培育的智慧课堂，聚焦于"基于问题、基于情境、高效互动、高阶思维、富有人文"五大要素。作为一种高水平的思维，高阶思维正逐渐被人们所认识和重视。和其他思维一样，高阶思维是可以培养和教授的，与学科课堂教学结合是培养高阶思维最为有效的途径。高阶思维的课堂教学需要完成重心转换与问题再构两方面变革。课堂教学中创设高质量、高水平问题是发展学习者高阶思维的关键，其中以"具身性、批判性、情境性、开放性、探究性、进阶性"等问题更为突出。

从教学内容上看，程序设计不外乎三种结构：顺序结构、分支结构和循环结构，而这第三种结构其重要性，可以说，没有循环结构，就没有程序设计。

帮助学生理解并构建循环结构，是今后进一步学习诸多算法的关键。本课从学生认知角度出发，重组教学材料、设计教学环节、反复磨课的过程中，不断思考、理解、强化这几大特征，进一步实践基于学生核心素养培育的智慧课堂教学，并获得了一些心得和感悟。

二、简要教学设计

（一）教材分析

循环结构是《算法与程序设计》第一章"计算机和算法"的内容，是三种算法结构中的一种，在算法设计中处于非常重要的地位，循环概念的建立是后续诸算法如枚举、排序、查找的基础。

（二）学情分析

学生对顺序结构和分支结构有了一定的掌握和应用，能够在VB环境下解决两种算法结构的相关问题。

（三）教法设计

1. 探究学习：学生自主探究两种循环模式的区别。
2. 任务学习：基于科技小任务，强化循环结构三要素的功能。
3. 提问法：学生通过回答一系列问题，循序渐进落实知识要点。
4. 讨论法：通过VB程序段小组讨论求解进行逻辑推理与表达。

（四）教学目标

1. 知识与技能：掌握循环结构三要素；能够读懂循环结构流程图；能够读懂VB程序代码实例。
2. 过程与方法：通过重复朗读一段文字多遍，体验循环的主要特征，加深学生对循环概念的理解；通过PPT模拟演示循环结构实例相应VB语句的跟踪过程，直观展示循环过程中三要素的作用；通过小组讨论预想程序运行结果，培养学生发现问题、分析问题和解决问题的能力，深入掌握循环执行的过程。

3.情感、态度和价值观：结合童年小故事，学生亲身体验循环过程，激发学习兴趣；从科技小任务出发，发现并解决实际问题，培养创新能力；对多个实例进行思考求解，举一反三，建立严谨逻辑思维和高阶思维。

（五）教学重点和难点

1.重点：循环结构三要素。

2.难点：理解循环结构的功能。

（六）教学资源

PPT课件：展示算法、流程图以及推导过程的动画演示等。

（七）教学过程

教学环节	教师活动	学生活动	设计意图
课堂导入	1.承接"顺序结构"和"分支结构"，引出第三种算法结构。 2.鼓励学生在30秒内朗读这段文字："从前有座山，山下有条河，河边住着老先生，有一天，老先生给孩子们讲故事，说：……"多遍，并自计遍数。	1.大声朗读并计遍数，体验重复工作的过程。 2.思考并回答问题。	1.联系已学内容，做好知识的衔接。 2.让学生亲身体验该算法结构的执行过程，更好地理解循环结构的概念，并激发学生学习兴趣。
概念分析	1.现实生活中处处存在循环，请学生举出例子。 2.初步展示循环的构建过程，提出思考并分析追问： （1）当条件为真时…… （2）当条件为假时…… （3）与分支结构有何区别？ （4）假如条件一直成立…… （5）如何避免死循环？	1.联系实际，列举符合概念描述的生活实例。 2.思考并回答问题。	1.引导学生关注生活现象，形象化体会循环。 2.通过动画展示、分情况讨论与步步追问，培养学生对新问题的探索精神。
探究学习	1.探究1：两种循环模式有什么区别？引导学生分组讨论，模拟流程线的走向，进行两种模式的对比分析。	1.观看ppt演示，并思考。	1.通过循环模式的辨析，帮助学生加深对当型循环条件判断的理解。

（续表）

教学环节	教师活动	学生活动	设计意图
	2. 探究2：设计算法，请计算机为我朗诵课文10遍。 提示：计数器 问：计数器的位置应该在循环结构的内部还是外部？ （流程图：读课文循环，i←i+1） 3. 提问，从而引出设置循环结构的三要素： （1）如何保证循环，并能自动终止？——循环条件。 （2）要在循环中做什么？——循环体。 （3）该循环进程由谁控制？——循环变量。 4. 结合科技小任务，以及相应的流程图模拟演示，分析并强调以上几个要素在循环结构中的作用。	2. 小组讨论，根据提示构造循环。 3. 回顾计数器的知识点，尝试应用在循环结构中。 4. 思考并回答相关问题。	2. 从科技小任务出发，帮助学生建立利用计算机解决实际问题的思想方法，促进算法逻辑思维与程序设计能力的提升。 3. 以问题为导向，将循环三要素的功能具象化，促进学生主动思考，落实教学重点。
| 任务学习 | 1.（1）提问：如下流程图的功能是什么？<br>过渡问题：循环变量在循环过程中是如何变化的？<br><br>（流程图与代码）<br>```
i=1
s=0
Do While i<=100
    s = s + i
    i = i + 1
Loop
Print s
```<br><br>（2）动画演示：累加器。<br>（3）提炼流程图关键部分，展示VB语言的循环结构格式。<br>（4）将流程图与VB语句一一对应，并结合循环三要素进行讲解巩固。 | 1. 观看ppt模拟跟踪演示。<br><br>2. 思考、讨论并回答问题。<br><br>3. 分组讨论，结合循环三要素，讲解思考过程。 | 1. 具象化程序运行过程，吸引学生关注，加深学生对循环的理解，巩固循环的三要素。<br><br>2. 通过局部代码的变化（改变次序）后求和，帮助学生进一步理解和掌握循环三要素的作用，锻炼学生举一反三的学习能力。<br><br>3. 通过对程序过程的模拟和程序结果的求解，培养学生发现问题、分析问题、归纳问题的能力，提高思维逻辑推理能力。 |
```

教学环节	教师活动	学生活动	设计意图

	2. 给出 6 个 VB 语言描述的程序段，请学生讨论并给出相应的答案。
	
	``
	s=0
	i=1
	Do While i<=10
	  s = s + i
	  i = i + 1
	Loop
	Print s ; i
	``
	
	``
	S=0
	i=10
	Do While i>3
	  i = i-1
	  s = s + i
	Loop
	Print s ; i
	``
	
	``
	S=0
	i=-9
	Do While i<=10
	  s = s + i
	  i = i + 1
	Loop
	Print s ; i
	``
	
	``
	S=0
	i=-9
	Do While S<=10
	  i = i + 1
	  s = s + i
	Loop
	Print s ; i
	``
	
	``
	S=0
	i=-9
	Do While i>=10
	  i = i + 3
	  s = s + i
	Loop
	Print s ; i
	``
	
	``
	S=0
	i=-9
	Do While i>=10
	  i = i + 3
	  s = s + i
	Loop
	Print s ; i
	``
	
	3. 针对第一个和第二个程序段，用 ppt 动画模拟 VB 语句运行过程跟踪，分步对照，并用表格形式呈现。
	
	``
	S = 0
	i = 1
	Do While i < = 10
	▶ S = S + i
	  i = i + 1
	Loop
	Print S , i
	``
	
			S=0	i=1	判断 i<=10 成立，进入第一次循环

第一次循环	S=0+1	2	判断 i<=10 成立，进入第二次循环
第二次循环	S=0+1+2	3	判断 i<=10 成立，进入第三次循环 | • 注意语句的"次序" • 解题方法 第一次加的是什么？ ⎫ 　　　　　　　　　　⎬ 找临界值 最后一次加的是什么？ ⎭		4. 在前一环节学习的基础上，循序渐进，获取新的学习经验，增强学生自主思考能力和逻辑思维能力。

（续表）

教学环节	教师活动	学生活动	设计意图
课堂小结	1. 循环结构的概念。 2. 两种循环模式。 3. 设置循环结构的要素：循环条件、循环体、循环变量的初值和增量。 4. 循环结构的 VB 语言表达与求解。	思考并回答问题。	巩固知识点，理清思路。

三、课堂实录与反思

这节课的内容是《循环结构》，帮助学生理解并构建循环结构，循环结构的三要素是本课的重点和难点。所以"高阶思维"这一要素的具体落实体现在概念学习与三次"实例突破"上。

概念学习部分，初步展示循环的构建过程，我提出思考并分析追问：（1）当条件为真时……（2）当条件为假时……（3）与分支结构有何区别？（4）假如条件一直成立……（5）如何避免死循环？问题之间相互联系，基础知识点的落实层层推进。

实例突破中，第一，我设置了一个科学小任务的讨论环节，要求设计一个算法，让机器人自动重复朗读一篇课文。目标是让学生完成循环结构流程图的构建，是对循环概念的落实。这里也体现了学科的特色：就是设计算法让计算机能够实现功能，解决的是一个实际问题。小组协作讨论任务的解决方案中，需要将已学的知识重新组织，加入自身的理解以及延伸思考，进行口头表达。这样的过程也是避免管控和灌输，有利于创造能力和创新精神的发展。

第二是累加器的总结。展示一个流程图，提问从"如何保证循环，并能自动终止？要在循环中做什么？该循环进程由谁控制"到"循环变量在循环过程中是如何变化的"，最后学生自然能得出该图的功能是什么（1+2+3+……+100 求和）。在成功构建循环并分清三要素功能的基础上，让学生自己总结出实现累加器功能的语句，这是对"赋值"这一基础概念的高阶应用，有一定程度的探究与创新要求。

第三，我们反复讨论修改设计了典型的 6 组代码实例练习，这些练习是循序渐进的，并且学生在实践过程中清楚地发现并且体会到语句"次序"变化可能带来程序运行结果的影响。在这 6 组程序运行求解当中，要求学生深入钻研问题，抓住事物的本质核心，总结提炼出一个能恰到好处地解决问题的"秘诀"。可以表述为"确定第一次和最后一次的数值"或者说是"寻找临界点的值"。这一环节融合了概念、三要素的理解和解题方法的探究。学生通过实践，自主探索解题方法，进一步提高认知深度。

在此，我也设计了引导环节，或说是学习支架。在解决前两个练习实例的过程中，用动画的形式演示了程序过程的模拟并配合过程性结果的表格呈现，将程序运行的本质和细节复原出来，一方面加强学生对学科本质的把握，另一方面他们在获得知识、完成任务、达成目标的过程中，对逻辑推理和计算思维有了更深的理解和追求，认知水平随之上了一个台阶。

四、研究结论

（一）强化教学细节，衍生智慧智能

本课的基本教学目标是学生通过这节课理解循环结构的概念，可以分解为：掌握循环结构的三要素、能够读懂循环结构流程图、能够读懂 VB 程序代码实例三方面。由于这节课容量较大，在教学过程中，如果没有处理好细节，如概念的描述、模式的辨别、三要素的引出和强化，每个环节的过渡衔接如果不能足够流畅自然，可能会浪费时间；练习难度的设计如果不够合理，重复练习或者跳跃过大，可能影响学生的学习积极性。因此，更精准的表达、尽量避免重复的描述性语言，能够降低学生的认知负荷，帮助学生快速而准确地把握关键点。而在教学材料的呈现上，也设计了具象化的演示，以促进学生形象化理解和记忆，以及多层次的联想能力。

试讲的过程中，我在备课组老师们的帮助下，通过多次反复地梳理课堂进度脉络，反思自身课堂用语，查找教学过程中出现的知识点串联或生硬或繁琐的细节，提炼出更简洁合理的表述方式，调整出更符合学生认知规律和思维模式的教学环节过渡方式。比如删去多余的例子，只保留"读课文"的案例，贯穿始终；将直接介绍两种循环模式及其区别的方式，改为由学生主动探究发现，教师设计一系列追问来引导学生思考、讨论，最终得出成果，衍

生出更多的学习经验和能力。

（二）注重实例突破，锻炼高阶思维

　　智慧课堂是通过分析、综合、评价与创造，培养学生的高阶思维能力。作为教师，选准的这个目标，或者设计的环节，应该能够让学生产生定向的思考，同时设置一些"岔道"，锻炼学生辨析定向的思维能力。因此，在落实本课的重难点——循环结构三要素的时候，结合了科学小任务，既体现学科特色：设计算法让计算机能够实现功能，又将三要素的导出和知识点的展开融合在一个例子中，让学生在与伙伴共享中，主动建构了知识点的认知，在探索中理解三要素的功能和意义。小组协作讨论任务的解决方案中，需要将已学的知识重新组织，加入自身的理解以及延伸思考，进行口头表达。这样的过程也是避免管控和灌输，有利于创造能力和创新精神的良好发展。

　　另一方面，设计科学合理的代码实例练习，能够引导学生循序渐进，并且清楚地发现语句"次序"变化可能带来程序运行结果的影响，充分锻炼计算思维，从而提高学习效率。在6组程序运行求解当中，要求学生深入钻研问题，抓住事物的本质核心，总结提炼出一个能恰到好处地解决问题的"秘诀"，进一步提高学生的思维深刻性。在获得知识、完成任务、达成目标的过程中，学生对逻辑推理和计算思维有了更深的理解和追求，促进素养的全面发展。此外，在解决前两个练习实例的过程中，教师的引导增加了对程序过程的模拟和过程性结果的表格呈现，将程序运行的本质和细节复原出来，进一步培养学生对学科本质的把握，提高思维逻辑推理能力。

参考文献

[1] 钟志贤. 促进学习者高阶思维发展的教学设计假设 [J]. 电化教育研究，2004(12): 21-28.

[2] 王帅. 国外高阶思维及其教学方式 [J]. 上海教育科研，2011(9):21-28.

[3] 孙天山. 基于"问题"的高阶思维课堂教学架构研究 [J]. 中学化学教学参考，2016(9):1-5.

[4] 沈之菲. 提升学生创新素养的高阶思维教学 [J]. 上海教育科研，2011(9):35-38.

[5] Jihyun Lee; Hyoseon Choi. What affects learner's higher-order thinking in technology-enhanced learning environments? The effects of learner factors [J]. Computers & Education. 2017.

聚焦智慧课堂，学生自主探究

——《会变脸的与非门》课例研究

□丁 丰

摘要： 结合智慧课堂的"五要素"：基于问题、基于情境、高效互动、高阶思维和富有人文。由地铁各类信号灯的情境导入为基础，学生自主分析信号灯与地铁车门之间的逻辑关系，利用与非门设计电路，然后师生间交流、高效互动，在此基础上促进学生的高阶思维，如何通过与非门改成或门实现在紧急情况下按下地铁站台紧急按钮或车厢紧急按钮都能将地铁列车停下。最后提出开放性问题，让学生思考，地铁站里的哪些设施还可以通过数字电路进行改进，更加人性化，让学生富有人文情怀，让学生思维进一步得到提升。

关键词： 智慧课堂 自主学习 与非门

一、研究背景

本章节内容是高中二年级《劳动技术》第一章第二节"数字电路基础"里的内容。教材中的动手实践内容是验证与非门集成电路，我在此基础上，做进一步拓展，基于三个情境，学生通过自主探究式学习，利用CD4011与非门集成电路做成非门、与门、或门等简单数字应用电路，让学生熟悉门电路的逻辑功能，学会简单的数字控制电路，让学生了解与非门集成电路在数字电路中的通用性，提升学生设计电路的能力，从而激发学生学习数字电路的兴趣。结合智慧课堂的"五要素"：基于问题、基于情境、高效互动、高阶思维和富有人文，从问题设计着手，精心进行教学设计，促进学生"高阶思维"，实现两个"转变"：学生学习方式的转变和教师教学方式的转变。

二、简要教学设计

（一）教学目标

1. 知识与技能

（1）学会用真值表分析电路逻辑功能

（2）学会 CD4011 与非门集成电路的简单应用

2. 过程与方法

（1）通过分析电路逻辑功能和真值表，了解与非门可以实现其他门电路的逻辑功能。

（2）通过自主探究式学习，搭建地铁屏蔽门指示灯等电路，学会利用与非门集成块 CD4011 完成非门、与门等电路的设计与搭建。通过师生互动，分析真值表，学会用与非门组合实现或门电路逻辑功能。

3. 情感、态度与价值观

通过学生设计、搭建解决生活中的实际问题的电路，能用同一块芯片设计多种应用作品，养成既钻研技术又物尽其用的好习惯，提升学生的高阶思维能力，感受数字电路的魅力。

（二）教学重点和难点

1. 教学重点

用 CD4011 与非门集成电路设计和搭建非门、与门电路。

2. 教学难点

用与非门组合实现或门电路逻辑功能。

（三）教学技术运用

多媒体投影，视频展台，无线同屏、学件等。

（四）教学过程

由地铁各类信号灯的情境引入为基础，学生自主分析信号灯与地铁车门等之间的逻辑关系，利用与非门设计电路，然后师生间交流、高效互动，在此基础上促进学生的高阶思维，如何通过与非门改成或门实现在紧急情况下按下地铁站台紧急按钮或车厢紧急按钮都能将地铁列车停下。最后布置作业，让学生思考，地铁站里的哪些设施还可以进行改进，更加人性化，让学生富有人文情怀，让学生思维进一步得到提升。

教学环节	教师活动	学生活动	教学意图
情景引入	展示地铁站台照片。播放地铁屏蔽门开启和关闭的视频录像。播放所有地铁屏蔽门关闭后绿色指示灯亮起的视频录像。分成两大组，两人一小组按照学习包和任务单，进行自主探究式学习。	学生领会。	通过展示生活情境，让学生了解数字电路在生活中的应用。
自主探究式学习，设计和搭建非门、与门电路。	引导学生观察与分析真值表，完成原理图。引导学生利用CD4011集成电路完成非门、与门电路的具体应用。巡视指导。	学生分组观察，进行自主探究式学习，分析场景一或场景二中的屏蔽门与指示灯之间的逻辑关系。完成功能表和真值表。完成与非门代替非门、与门的原理图和连接图。用CD4011与非门集成电路设计和搭建非门、与门电路。	复习非门、与门的逻辑关系。学会用真值表分析电路逻辑功能。学会利用与非门集成块CD4011搭建非门、与门电路。
展示交流评价	教师组织学生展示、交流、评价。	学生展示，交流，互评。	分享成果，活跃学生思维，完善学生作品。
高阶思维	展示地铁站台紧急按钮和车厢紧急按钮。引导学生观察与分析，对比与非门和或门的真值表，完成原理图。巡视指导。布置作业。利用所学知识，从便捷性，安全性，舒适性对地铁车站的相关设施和控制提出自己的改进与设计。	学生观察，分析。完成与非门组合代替或门的原理图设计。学生思考，交流。	提升学生的高阶思维能力。富有人文情怀。
小结	与非门集成电路像川剧绝活变脸一样，可以变成非门，可以变成与门，也可以变成或门等，为我们数字电路的应用带来意想不到的精彩。在数字电路中，与非门集成块通用性极强。为了节约成本，要能用同一块芯片设计和制作多种应用作品。	学生领会。	养成物尽其用的好习惯，感受数字电路的魅力。

三、课堂实录与反思

这堂课源于教材中的动手实践内容即验证与非门集成电路，我在此基础上，做进一步拓展，基于三个情境，学生通过自主探究式学习，利用 CD4011 与非门集成电路做成非门、与门、或门等简单数字应用电路，让学生熟悉门电路的逻辑功能，学会简单的数字控制电路，让学生了解与非门集成电路在数字电路中的通用性，提升学生设计电路的能力，从而激发学生学习数字电路的兴趣。为了让学生体验与非门在数字电路中的多种应用。因此这节课容量比较大，我在试讲时，发现如果采用传统的教学方式来进行教学，是很难把与非门的三个应用在一节课中完成，最重要的是如何在有限的时间里，让学生能有更多的体验。于是我想能否采用给予学生一定的资料，让他们自主探究学习，该班同学已经对基本门电路以及复合门电路与非门的逻辑功能有了初步的了解，在上一节课初步学习了用电子实验箱搭建与非门验证电路。通过本节课搭建地铁屏蔽门信号指示灯等实验电路，学生可以进一步了解与非门的广泛应用，了解数字电路为人们的生活带来的便利和保障。

本节课情景引入时，通过播放我在地铁站里拍摄的信号灯录像，让学生观察场景一：地铁站台屏蔽门上的 DOI 指示灯和滑动门（ASD）之间的逻辑关系，以及观察场景二：ASD/EDD 指示灯何时亮起何时熄灭。学生对平时在地铁里习以为常的信号灯产生了兴趣。通过生活场景进行情景引入，贴合学生的实际生活，从而比较好地引导学生进行自主探究学习。我安排一半的学生探究场景一，分析逻辑关系，搭建电路；另一半的学生探究场景二，分析逻辑关系，搭建电路，两组都提供了学习资源包，而且将上一节课"与非门验证实验电路"的搭建图也一并提供给学生，预设是进行展示、交流。为了适应能力不同的学生，我还特地设计了"锦囊"——为探究能力较弱的学生，多一些提示和帮助。然而让我意想不到的是，大部分同学都依赖于"锦囊"，但打开简易的"锦囊"，似乎又不知所措，然后又莫名其妙地利用资源包里的"与非门验证实验电路"的搭建图来完成任务。

在前期的教学中，从课堂上反馈的感觉，该班整体学习能力较强，从而我未更加细致地了解学生的实际状况如何，只是凭经验，因而在实际的自主探究学习过程中，学生未能按我的预期，费了一些周折才完成教学目标。在授课之后，我积极反思，一方面学生的能力表现给了我错觉，另一方面我在细化任务方面做得还不够，学生学习任务书过于简单，步骤缺乏，学生遇到一些问题，不能自己及时解决，从而使整个进度拖沓，应该给予学生一个比较小的目标，跳一跳能够得着，尽量让任务细化，让学生能比较从容的完成自主探究学习，而不是把目标设得太高，够不着，当然学生就没有兴趣了。给予学生的资源要明确，不能误导学生。另外这节课的容量还是比较大的，自主探究学习，还是应该给学生足够的时间去体验。场景三是或逻辑关系，但用与非门来完成或门电路，实际难度是挺大的，需要师生互动分析，不应该为了迎合"会变脸的与非门"而放入本节课中，并不是所有内容都适合学生自主探究学习。应该牢记，教学的艺术在于唤醒和激励，而不是难倒学生。

四、研究结论

我觉得在今后进行自主探究学习时，应注意以下几点：

（一）制定明确、具体、易得的学习目标

做到目标明确，层层落实，让一些能力较弱的同学能跳一跳，够得着。不要让学生产生跳了半天，啥都没有的挫败感。让学生感觉到通过自己的努力探究能完成任务，从而转变学生由"要我学习"变成"我要学习"的效果。

（二）激发学生自主探究学习的兴趣

情景引入必不可少，而且要贴近学生的生活。能够引起学生的共鸣和兴趣。

（三）引导学生去发现问题、提出问题、分析问题，从而解决问题

需要教师做一个详细的学习任务单，让学生有脚手架可以攀登，适当的提

示来做安全带，而不是让学生一跃而起，够不着，摔下来，很容易产生抵触情绪。

（四）培养学生的高阶思维

对学生的探究成果予以展示与激励，让他们获得学习的成功感，特别关注学生的高阶思维。关键在于设置诸如"阶梯性问题、开放性问题、批判性问题、真实性问题、探究性问题"，这都是培养学生高阶思维的有效策略。

学生自主探究学习，不能脱离教师的引导。倡导学生主动参与、乐于探究、勤于动手，培养学生搜集和处理信息的能力、获取新知识的能力、分析和解决问题的能力，以及交流与合作的能力。最终形成学生自主、独立地发现问题的能力，养成会观察、勤思考、会收集、能分析、会归纳、勇于创新的习惯。

参考文献

[1] 孙玉华. 新课程下学生自主学习策略浅谈. 新课程学习. 2012(1).
[2] 冯幼绒，孙天山. 基于问题的高阶思维教学研究. 化学教与学. 2016(5).
[3] 李玉群. 谈谈如何引导学生探究学习. 中学理科：综合. 2006(7).

本书内容提示

　　培养学生核心素养主阵地是课堂，而智慧课堂的"智慧"不是一蹴而就的，它不仅需要提纲挈领的方向指引，更离不开教师在日常教学中的不断打磨和改进，特别是教师间、师生间和教师实践思考前后的智慧流动。本书展示的是基层学校的一线教师如何在"智慧课堂"探索实践全过程中对课堂的设计调整和持续改进，呈现的是"实践、反思、再实践、再反思"的动态发展过程，追问的是这些变化现象背后的教学之道，展现的是当下教育行动研究的科学精神。